MICHAEL COLLINS PIPER

I SOMMI SACERDOTI

DELLA GUERRA

La storia segreta di come i "neo-conservatori" trotskisti americani sono arrivati al potere e hanno orchestrato la guerra contro l'Iraq, prima tappa del loro piano per un impero mondiale.

OMNIA VERITAS®

MICHAEL COLLINS PIPER

Michael Collins Piper è stato uno scrittore politico e conduttore radiofonico americano. È nato nel 1960 in Pennsylvania, USA. È stato un collaboratore regolare di The Spotlight e del suo successore, American Free Press, giornali sostenuti da Willis Carto. È morto nel 2015 a Coeur d'Alene, Idaho, USA.

I sommi sacerdoti della guerra

La storia segreta di come i "neo-conservatori" trotskisti americani sono arrivati al potere e hanno orchestrato la guerra contro l'Iraq, prima tappa del loro piano per un impero mondiale.

The High Priests of War

The Secret History of How America's "Neo-Conservative" Trotskyites Came to Power and Orchestrated the War Against Iraq as the First Step in Their Drive for Global Empire

Prima stampa negli Stati Uniti: giugno 2004 American Free Press

Tradotto e pubblicato da
Omnia Veritas Limited

OMNIA VERITAS.

www.omnia-veritas.com

© Omnia Veritas Ltd - 2025

SULLA COPERTINA...

In alto a sinistra, l'immagine di una statua della Vergine Maria che il 14 marzo 2002 è stata colpita da un carro armato dell'esercito israeliano che le ha rotto il naso e tagliato le mani. L'odiata statua si trovava sopra l'ospedale e l'orfanotrofio cattolico della Sacra Famiglia a Gerusalemme, accanto a una bandiera del Vaticano. Gli israeliani hanno sparato alla statua a bruciapelo. Non è stato un incidente. È stato un atto di odio.

L'odio si esprime anche nella violenta immagine dell'impiccagione di Haman, tratta da un manufatto religioso ebraico. Primo tra i tanti nemici del popolo ebraico, l'esecuzione di Haman è celebrata nella festa di Purim, che - per pura coincidenza, si dice - ha segnato l'inizio della guerra contro l'Iraq, come hanno notato i giornali ebraici descrivendo Saddam Hussein come un moderno Haman.

Al livello centrale di sinistra, un rilievo dell'Arco di Tito a Roma ricorda il saccheggio di Gerusalemme da parte dei Romani e la cattura trionfale della menorah dal tempio ebraico.

La caduta di Gerusalemme - una delle grandi catastrofi della storia ebraica - fa parte di una lunga serie di eventi che hanno segnato il conflitto mediorientale, tuttora in corso.

Al centro della destra c'è Ariel Sharon, il brutale Cesare israeliano la cui dura politica nei confronti degli arabi palestinesi cristiani e musulmani è molto popolare tra i suoi compatrioti e molto ammirata dalla maggior parte dei leader ebrei americani e dai loro alleati del movimento neo-conservatore, nonostante la significativa opposizione ebraica di base.

L'obiettivo di Sharon di una "Grande Israele" è parte integrante dell'agenda neoconservatrice e rappresenta il massimo dell'odio e dell'imperialismo.

Qui sotto, da sinistra a destra, Paul Wolfowitz, Richard Perle, William Kristol e Henry Kissinger, forse le figure più potenti della rete neoconservatrice che ha orchestrato la tragica guerra americana contro l'Iraq. I sommi sacerdoti della guerra neoconservatori sognano di creare un impero globale e intendono usare i giovani americani come carne da cannone per raggiungere il loro obiettivo.

È odio e *dobbiamo* combattere l'odio.

Un ringraziamento speciale a John Tiffany per il suo eccellente editing, come sempre. Cercate il miglior editor del mondo? John è l'uomo giusto. Vi farà impazzire con le sue domande e le sue critiche, ma porterà a termine il lavoro. (John può essere contattato all'indirizzo xuou@yahoo.com) Tutti gli errori presenti in questo libro sono miei. Significa semplicemente che ho ignorato i saggi consigli di John.

Ringraziamo anche Lamis Andoni per averci permesso di citare la sua eccellente esposizione delle azioni infami di Bernard Lewis.

Un ringraziamento speciale a Bill e Kathleen Christison e ad Anis Shivani, i cui commenti acuti su counterpunch.org hanno aiutato molto i miei sforzi.

Il lavoro di John Sugg su atlanta.creativeloafing.com è un must per chiunque sia interessato agli intrighi dei potenti.

L'importanza del lavoro di Andrew Bacevich, in particolare del suo libro "American Empire", non può essere sopravvalutata.

Grazie a queste e a molte altre persone che hanno osato sfidare i più abili intrallazzatori che abbiano mai assunto un potere così immenso in America.

-MCP

"POSTI BRUTTI"...

"L'elenco dei possibili luoghi infestati non inizia con le case infestate e finisce con gli alberghi infestati; sono state scritte storie dell'orrore su stazioni ferroviarie infestate, automobili, prati, edifici per uffici. L'elenco è infinito e probabilmente risale all'uomo delle caverne che dovette abbandonare il suo buco nella roccia perché sentiva quelle che sembravano voci nell'ombra. Se si tratti di voci reali o di voci del vento è una domanda che ci poniamo ancora oggi nelle notti buie".

-IL MAESTRO DELL'ORRORE STEPHEN KING

I sommi sacerdoti della guerra è un libro di saggistica che assomiglia a un romanzo dell'orrore gotico, un classico racconto di una casa infestata e degli spiriti maligni che la abitano, la storia di un giovane re ricco - membro di una famiglia famosa - rinchiuso in un palazzo maestoso e dotato di grandi poteri, ma circondato, addirittura posseduto, da forze demoniache malevole che lo manipolano da "dietro le quinte, nell'ombra".

Ma i sommi sacerdoti della guerra esistono nella vita reale. I danni che questi guerrafondai neoconservatori stanno facendo all'America e al mondo sono immensi.

Se questi neoconservatori continueranno il loro regno di rovina, non dovremo sorprenderci di vedere la Casa Bianca tornare al suo aspetto dopo essere stata sventrata dalle torce britanniche nel 1814: che sia il risultato di una ribellione popolare da parte di americani patriottici e arrabbiati o di un attacco da parte di forze straniere determinate a far fallire gli intrighi dei sommi sacerdoti della guerra.

Una cosa è certa: *il momento è arrivato. Bisogna fare qualcosa...*

ANDREW ST. GEORGE

25 OTTOBRE 1923 - 2 MAGGIO 2001

DEDICA

All'unico e solo ANDREW ST. GEORGE

-L'intrepido giornalista che ha coperto per primo gli strani intrighi dei guerrafondai neoconservatori molto prima che i media mainstream li riconoscessero come attori principali sulla scena mondiale.

Amico prezioso e figura memorabile, straordinario affabulatore, bon vivant, marito affettuoso e padre orgoglioso, Andrew era un mentore la cui esperienza di corrispondente internazionale non aveva eguali.

Il rapporto di Andrew, che è stato il primo ad andare sul posto, ha rivelato i neoconservatori come la vera minaccia alla pace mondiale che sono.

-MICHAEL COLLINS PIPER

Un senatore americano dice la sua: perché gli americani stanno davvero morendo in Iraq...

"Con 760 morti in Iraq e più di 3.000 mutilati a vita, il popolo iracheno continua a chiedersi perché siamo in Iraq e come uscirne.... Anche il presidente Bush ammette che Saddam Hussein non ha nulla a che fare con l'11 settembre... Naturalmente non c'erano armi di distruzione di massa. I servizi segreti israeliani, il Mossad, sanno cosa sta succedendo in Iraq. Sono i migliori. Devono saperlo. La sopravvivenza di Israele dipende da questa conoscenza. Israele ci avrebbe portato alle armi di distruzione di massa molto tempo fa, se ci fossero state o se fossero state rimosse. Poiché l'Iraq non è una minaccia, perché invadere un Paese sovrano? La risposta: la politica del Presidente Bush di mettere al sicuro Israele".

-Il senatore americano Ernest F. Hollings (D-S.C.) *nel* Charleston Post and Courier, *6 maggio 2004.*

(Per aver fatto queste osservazioni schiette, in una rubrica in cui nominava specificamente alcuni dei "sommi sacerdoti della guerra" descritti in questo libro, il senatore Hollings - amico di lunga data dell'esercito statunitense - è stato denunciato dalla Anti-Defamation League e da una schiera di politici desiderosi di accattivarsi il favore della lobby israeliana. Eppure, non molto tempo prima, un rispettato giornale ebraico, *Forward*, aveva dichiarato che Israele aveva tratto vantaggio dalla guerra in Iraq - "in modo unico" - e che l'intelligence israeliana aveva fornito informazioni utilizzate dall'amministrazione Bush per giustificare l'invasione dell'Iraq. Si veda di seguito quanto dichiarato da *Forward*).

Un importante giornale ebraico spiega: Israele ha "beneficiato in modo unico" della guerra in Iraq...

"Alla vigilia della guerra, Israele era un sostenitore silenzioso ma entusiasta dei piani bellici americani. La potenza militare di Saddam Hussein, a detta di tutti, lo rendeva uno degli avversari più pericolosi per lo Stato ebraico.... Il suo rovesciamento era visto come l'eliminazione della più grave minaccia esistenziale per Israele... [e Israele] cooperò avidamente... condividendo informazioni sulle capacità e le intenzioni irachene... destinate ad aiutare l'azione americana..... Ma poiché Israele ha beneficiato in modo unico di una guerra che è sempre più controversa in America e nel mondo, i timori di parlare sono diventati ancora più forti di quanto non fossero prima della guerra".

Il settimanale ebraico di New York
Forward, 16 aprile 2004

PREMESSA

Autorità senza responsabilità...

Sebbene di recente sia stato scritto molto sugli intrighi dei neoconservatori che guidano l'amministrazione di George W. Bush, *The High Priests of War* è di gran lunga il libro più completo sull'argomento oggi disponibile, anche perché esplora l'agenda neoconservatrice da una prospettiva storica estremamente importante che è stata generalmente ignorata nella foga del dibattito attuale.

È giusto dire che l'autore, Michael Collins Piper, è stato uno dei primi giornalisti al mondo a riconoscere l'infiltrazione neoconservatrice nelle alte sfere della politica e dell'intelligence americana e a iniziare a scriverne nei primi anni Ottanta.

Piper rende doverosamente omaggio all'amico e collega di lunga data, il compianto Andrew St. George - a cui questo libro è dedicato - per aver dato vita al primo grande reportage sui neoconservatori, e St. George può essere giustamente definito il "padrino" letterario di questo importante libro.

Affrontando la questione politica più importante del nostro tempo, analizzando abilmente le sue origini, facendo i nomi e descrivendo l'agenda e i misfatti del gruppo altamente astuto e strettamente interconnesso che tira abilmente i fili che manovrano le marionette sulla scena politica, *I sommi sacerdoti della guerra* è un libro storico.

I neoconservatori hanno realizzato l'impresa politica suprema: hanno l'autorità ma non la responsabilità del corso disastroso della storia americana, al riparo dai loro misfatti e dalle loro responsabilità, grazie alla stampa controllata.

Così, mentre il nostro Paese passa da un disastro all'altro, la stampa racconta al pubblico quanto sia meraviglioso tutto ciò, o i politici sostituibili vengono incolpati della situazione, mentre i neoconservatori stringono la loro presa.

Questo sordido scenario è sconosciuto a tutti, tranne che a una piccola manciata di americani patriottici. Se un numero significativo di americani si risveglierà alla realtà politica descritta così chiaramente da Michael Collins Piper in questo libro, la sola rivelazione porrà fine alla cospirazione.

-W. A. CARTO

PREFAZIONE

"È ora di dichiarare guerra ai sommi sacerdoti della guerra"

Sebbene la maggior parte degli anticomunisti americani - ma certamente non tutti - sia stata sincera, è essenziale affrontare la triste e scomoda verità che la Guerra Fredda è stata in gran parte una frode.

Mentre all'americano medio veniva detto di temere l'Unione Sovietica, i maggiori banchieri e industriali americani erano impegnati in ampi scambi commerciali e in altri lucrosi accordi con la leadership del Partito Comunista. Lo stesso governo americano metteva a disposizione del suo presunto rivale grandi quantità di tecnologia di difesa e altri dati. Quindi sì, la Guerra Fredda era davvero una finzione.

Comprendere e infine accettare questa difficile realtà ci permetterà di rivalutare la follia globalista degli ultimi 50 anni e di prepararci alla vera battaglia per la sopravvivenza che ci attende.

Finché gli americani non saranno finalmente disposti a riconoscere che la frenesia anticomunista a cui tanti hanno dedicato le loro energie era in realtà così mal indirizzata e fallimentare, non ha senso continuare la lotta. Per generazioni abbiamo combattuto i "nemici" percepiti all'estero, ma il vero nemico era qui in casa, infiltrandosi e prendendo il controllo dei ranghi superiori dell'apparato di sicurezza nazionale e di intelligence americano.

Come dimostrano chiaramente le prove presentate in questo libro, la minaccia sovietica, per quanto grande potesse essere un tempo, negli ultimi decenni si è chiaramente avviata verso una spirale discendente, con una diminuzione della sua forza.

Tuttavia, le forze neo-conservatrici, desiderose di sfruttare i timori del potere sovietico per attuare la propria agenda, hanno esagerato sia la potenza militare che le intenzioni sovietiche. E va detto, a ragione, che la base dell'agenda neoconservatrice - fin dall'inizio - non era solo la sicurezza, ma anche l'avanzamento imperiale dello Stato di Israele.

Dobbiamo abbandonare la retorica arcaica del passato e concentrarci sulla vera minaccia per l'America - e per la sovranità di tutte le nazioni e di tutti i popoli: le forze imperiali assetate di potere che vogliono usare le risorse e la potenza militare americane per stabilire uno stato di polizia globale sotto il controllo di pochi privilegiati: l'élite internazionale e i suoi politici comprati e pagati, i burocrati senza principi e i media che glorificano e cercano di rendere popolare l'agenda dei futuri governanti di una piantagione globale che i suoi sostenitori hanno soprannominato "Nuovo Ordine Mondiale".

Sebbene The *Spotlight* avesse ragione ad osare suggerire, dopo la caduta dell'impero sovietico, che "il comunismo è morto", c'erano alcuni irriducibili che si rifiutavano di accettare l'evidenza. Oh no", gridavano i John Birchers, "il comunismo non è davvero morto. È solo uno stratagemma. I rossi sono in clandestinità e aspettano solo l'occasione per colpire".

I Birchers e i loro simili credono ancora che Josef Stalin si nasconda in un armadio del Cremlino, pronto a scattare e a fare "buu". Paradossalmente, è solo ora che i Birchers riconoscono che i neoconservatori - che hanno promosso per anni sulle pagine delle loro riviste come *Review of the News* e *The New American* - *sono* ben lontani dall'*essere dei* convenzionali "patrioti conservatori" in qualsiasi senso.

La stessa folla che brandiva le sciabole contro la "minaccia comunista" ha iniziato a sostituire la "minaccia islamica" come nuovo pericolo da sconfiggere. Non è una sorpresa. Per anni, durante la Guerra Fredda, i "conservatori" americani (soprattutto i Birchers) hanno dichiarato liberamente (e falsamente) che l'Organizzazione per la Liberazione della Palestina faceva parte di una "rete di terrore sostenuta dai sovietici", nonostante i fatti.

In effetti, non è una coincidenza che questi miti sull'OLP siano stati maggiormente diffusi negli scritti di un'ideologa neo-conservatrice filo-israeliana, Claire Sterling, il cui ormai famoso "studio", *The Terror Network*, è diventato la bibbia virtuale della lobby israeliana nella sua campagna per screditare la causa nazionalista palestinese.

Oggi, in nome della "lotta al terrorismo", i conservatori anticomunisti hanno dato il loro appoggio all'istituzione di uno stato di polizia sul nostro territorio per "salvaguardare la libertà".

A questo proposito, vale la pena ricordare che più di 50 anni fa, agli albori della Guerra Fredda, l'ex agente della CIA William F. Buckley Jr, presto autoproclamatosi "leader" del movimento "conservatore" americano, mise le cose in chiaro. In un articolo pubblicato su *Commonweal* il 25 gennaio 1952, Buckley dichiarò di essere pronto a sostenere il "Big Government" per "tutta la durata [della Guerra Fredda]" perché, proclamò, solo "una burocrazia totalitaria sul nostro suolo" avrebbe potuto garantire la vittoria totale sulla minaccia comunista.

La guerra fredda anticomunista è ormai finita, ma la guerra calda anti-islamica (la cosiddetta "antiterrorismo") è in corso. E qui, sulle coste americane, abbiamo un nuovo Dipartimento della Sicurezza Nazionale che mira a stravolgere le libertà americane con il pretesto di proteggerle. Perché dovremmo essere sorpresi

La "minaccia comunista" non è mai esistita all'interno del Partito Comunista Americano che, come ha sottolineato l'*American Free Press*, era controllato ai massimi livelli da Morris Childs, una risorsa dell'FBI di J. Edgar Hoover: sionista di origine russa,

Childs si allontanò dal comunismo di stampo sovietico quando avvertì echi del tradizionale nazionalismo russo sotto Stalin. No, il Partito Comunista Americano non è mai stato una minaccia, anche se Hoover - alleato di lunga data della sionista Anti-Defamation League - ha manipolato il piccolo partito per l'agenda segreta dei suoi "consiglieri" dietro le quinte.

La minaccia comunista non risiedeva nemmeno nei ranghi più "liberali" del Partito Democratico. Non sono stati il New Deal, o il Fair Deal, o Camelot, o la Great Society, o il Clintonismo a portare all'America un marchio unico e aggiornato di bolscevismo di stampo trotskista. È invece il "conservatorismo compassionevole" dell'uomo che viene seriamente presentato come "il nuovo Ronald Reagan": George W. Bush.

Non è un caso che, pochi giorni dopo l'inizio della guerra contro l'Iraq, l'organo americano "ufficiale" dei trotskisti - *Partisan Review* - *abbia chiuso i* battenti. In realtà, la piccola rivista intellettuale aveva perso la sua ragion d'essere, poiché il suo obiettivo di assicurarsi il potere era stato raggiunto attraverso la proverbiale "porta di servizio".

Questo libro presenta una panoramica breve ma dettagliata degli intrighi dei neo-conservatori. Si potrebbe scrivere molto di più, ma si correrebbe il rischio di appesantire il libro. Tuttavia, sembra opportuno concludere, a questo punto, dicendo semplicemente:

È ora di dichiarare guerra ai sommi sacerdoti della guerra...

-MICHAEL COLLINS PIPER

SINTESI ESECUTIVA

I SOMMI SACERDOTI DELLA GUERRA

La storia segreta di come i "neo-conservatori" trotskisti americani sono arrivati al potere e hanno orchestrato la guerra contro l'Iraq, prima tappa del loro piano per un impero mondiale.

Il seguente rapporto si basa su questa premessa: la guerra contro l'Iraq condotta dall'amministrazione americana del presidente George W. Bush è contraria non solo ai tradizionali principi "conservatori" americani, ma anche a tutti i principi della politica estera americana dell'ultimo mezzo secolo

CHE la guerra contro l'Iraq viene condotta per scopi molto più ampi del "cambio di regime" o dell'"eliminazione delle armi di distruzione di massa"; in primo luogo, come parte di uno sforzo globale per rendere gli Stati Uniti l'unica superpotenza internazionale, capace, militarmente ed economicamente, di sopprimere tutte le nazioni e/o i popoli che osano sfidare l'egemonia americana

CHE la guerra contro l'Iraq è solo il primo passo di un piano di lunga data e di vasta portata per lanciare un'azione ancora più aggressiva contro l'intero Medio Oriente arabo al fine di "rifare il mondo arabo" per garantire la sopravvivenza dello Stato di Israele ed estendere il suo potere; CHE la guerra all'Iraq è solo l'obiettivo iniziale di questo piano accuratamente pianificato e che, in ultima analisi, gli altri Stati arabi e musulmani sono destinati all'estinzione totale o a una qualche forma di occupazione o controllo da parte delle forze militari e politiche statunitensi (in alleanza con Israele); CHE la guerra contro l'Iraq e il piano di per la sottomissione dei popoli arabi sono semplicemente un adattamento modificato e modernizzato dello storico sogno sionista della "Grande Israele", adattato per soddisfare le esigenze di le compagnie petrolifere internazionali, che a loro volta sono pronte a condividere l'obiettivo di dominare gli Stati produttori di petrolio del mondo arabo in collaborazione con lo Stato di Israele

CHE la guerra all'Iraq è stata deliberatamente orchestrata da una piccola ma potente rete di elementi sionisti della "destra" dura - i cosiddetti "neo-cons" - ai più alti livelli dell'amministrazione Bush, abilmente aiutati e sostenuti da individui che la pensano allo stesso modo in organizzazioni di politica pubblica, think-tank, pubblicazioni e altre istituzioni, tutti strettamente interconnessi e, a loro volta, collegati alle forze "likudnik" della destra dura in Israele

CHE la guerra contro l'Iraq e le altre azioni degli Stati Uniti contro il mondo arabo possono essere ricondotte a intrighi politici sionisti nelle alte sfere dell'intelligence statunitense, risalenti ai primi anni '70, e che molti degli stessi attori coinvolti in queste attività guidano oggi le politiche dell'amministrazione Bush

CHE la guerra all'Iraq è un complemento alla "guerra al terrore" precedentemente dichiarata, che a sua volta faceva parte di una campagna propagandistica accuratamente coordinata e sviluppata a lungo, basata sulla teoria che il terrorismo sia in qualche modo una caratteristica "araba".

Questa relazione esaminerà tutti questi aspetti, citando un'ampia varietà di fonti, e si concentrerà in gran parte sui fatti riportati dalla stampa "mainstream" in lingua inglese negli Stati Uniti. I fatti parlano da soli. Ogniqualvolta questo rapporto indulge in speculazioni o opinioni, ciò sarà debitamente annotato o altrimenti chiarito.

-MCP

"Se la comunità ebraica non avesse sostenuto con forza questa guerra contro l'Iraq, non saremmo in questa situazione. I leader della comunità ebraica sono abbastanza influenti da poter cambiare la direzione di questa guerra, e credo che dovrebbero farlo.

-Jim Moran, membro del Congresso degli Stati Uniti (democratico della Virginia), intervenendo a un forum pubblico nel suo collegio elettorale.[1]

Nonostante la frenesia pubblica che ha seguito le dichiarazioni del deputato liberale Jim Moran, persino l'influente giornale ebraico newyorkese *Forward* è stato costretto ad ammettere, nel suo numero del 28 febbraio 2003, che il ruolo della lobby pro-Israele e dei suoi membri in posizioni decisionali di alto livello nell'amministrazione del Presidente George W. Bush stava diventando sempre più una questione di dibattito pubblico. Il deputato Moran aveva semplicemente riassunto la questione in alcune brevi ma controverse osservazioni.

Forward ha citato l'editorialista ebreo americano Michael Kinsley, che il 24 ottobre 2002 ha scritto che il ruolo centrale di Israele nel dibattito americano su una possibile guerra con l'Iraq è "il proverbiale elefante nella stanza". A proposito di questo elefante, Kinsley ha aggiunto: "Tutti lo vedono, nessuno lo nomina". *Forward* ha detto senza mezzi termini: "Kinsley si riferiva a un dibattito, una volta sussurrato in stanze secondarie, ma che di recente è diventato audace nei media mainstream, su influenza ebraica e israeliana nella politica estera americana".[2]

---

[1] Riportato da numerosi media, tra cui *il New York Times* del 15 marzo 2003.

[2] *Forward*, 28 febbraio 2003. (I commenti citati di Kinsey sono stati pubblicati online dalla rivista *Slate* all'indirizzo slate.com in un articolo del 24 ottobre 2002).

Il giornale ebraico osserva che ora anche le pubblicazioni americane "mainstream", dal *Washington Post* all'*Economist* e persino canali televisivi come CNN e MSNBC, offrono discussioni franche e aperte sull'argomento. Secondo la valutazione del *Forward*

> Molti di questi articoli dipingono un quadro in cui il Presidente Bush e il Primo Ministro Sharon lavorano in tandem per promuovere la guerra contro l'Iraq. Molti descrivono un'amministrazione piena di conservatori motivati principalmente, se non esclusivamente, dalla difesa di Israele.
>
> Alcune voci autorevoli hanno persino affrontato apertamente il ruolo delle organizzazioni ebraiche americane nell'equazione, suggerendo un significativo spostamento a destra sulle questioni mediorientali e un'intensa fedeltà a Sharon. Altri ancora tirano fuori la nozione di influenza ebraica e israeliana solo per attaccarla come antisemitismo.[3]

Eppure, a conferma di quanto affermato dal deputato Moran, anche Ari Shavit, scrivendo su *Ha'aretz*, il quotidiano israeliano, il 9 aprile 2003, ha dichiarato semplicemente: "La guerra in Iraq è stata concepita da 25 intellettuali neo-conservatori di, la maggior parte dei quali ebrei, che stanno spingendo il presidente Bush a cambiare il corso della storia".[4]

In realtà, come dimostreremo, la documentazione storica indica - senza ombra di dubbio - che l'allora imminente guerra contro l'Iraq era in realtà in gran parte il prodotto di un piano di lunga data, attentamente calcolato e orchestrato. Questo piano mirava a

---

[3] *Ibidem.*

[4] *Ha'aretz*, 9 aprile 2003.

stabilire l'egemonia globale americana sulla base degli obiettivi geopolitici di un piccolo ma influente gruppo di politici all'interno dell'amministrazione del presidente George W. Bush. Bush - un gruppo intimamente legato da quasi un quarto di secolo al grande disegno della "Grande Israele", un sogno a lungo coltivato dai pionieri sionisti che fondarono lo Stato di Israele e i cui seguaci della "destra" falcata di oggi sono sempre più influenti in tutti i settori della società israeliana, in particolare nel governo.

Questo piccolo ma crescente gruppo di americani si definisce "neo-conservatore". Costituiscono un "partito della guerra" virtuale in America. Ammirano e sostengono spudoratamente il partito Likud di Israele, guidato da Ariel Sharon. Questi neoconservatori hanno preso decisioni politiche all'interno dell'amministrazione Bush che hanno sostanzialmente posto gli Stati Uniti d'America (sotto la presidenza di George W. Bush) in una salda alleanza con il regime di Sharon in Israele.

Lo studio che stiamo per intraprendere fornirà una panoramica della storia e dello sviluppo della rete neo-conservatrice, facendo i nomi e collegando le loro politiche agli elementi di Israele con cui sono alleati.

Ma è importante riconoscere che per molti aspetti le politiche sostenute dal "partito della guerra" neoconservatore sono, storicamente parlando, molto lontane dalla visione tradizionale americana. Le politiche del Partito della Guerra rappresentano solo una piccola fazione - anche se potente e influente - in America. Philip Golub, giornalista e docente all'Università di Parigi VIII, ha scritto sulla strategia neoconservatrice:

> Per oltre 25 anni, la destra neo-conservatrice ha cercato, con diversi gradi di successo, di affermarsi come forza ideologica dominante negli Stati Uniti, in particolare nella definizione della politica estera.
>
> A lungo ostacolato dal processo democratico e dalla resistenza dell'opinione pubblica allo Stato di sicurezza nazionale, è ora sull'orlo del successo, grazie alla contestata

vittoria elettorale di George Bush nel 2000 e all'11 settembre 2001, che ha trasformato un presidente accidentale in un Cesare americano. Il Presidente Bush è diventato il veicolo neoconservatore di una politica basata sull'unilateralismo, sulla mobilitazione permanente e sulla "guerra preventiva".

La guerra e la militarizzazione sarebbero state impossibili senza l'11 settembre, che ha fatto pendere la bilancia istituzionale a favore della nuova destra. Al di là di motivazioni opportunistiche come cogliere l'opportunità strategica di ridisegnare la mappa del Medio Oriente e del Golfo Persico, questa scelta riflette ambizioni imperiali molto più ampie...

Questo progetto autoritario è diventato realizzabile nel mondo unipolare dopo il 1991, quando gli Stati Uniti hanno ottenuto il monopolio dell'uso della forza nelle relazioni interstatali. Ma è stato concepito negli anni '70, quando si è formata la coalizione estremista oggi al potere.

L'obiettivo è unificare la nazione e garantire la supremazia strategica degli Stati Uniti nel mondo. Gli strumenti sono la guerra e la mobilitazione permanente, che richiedono la costante identificazione di nuovi nemici e l'istituzione di un forte Stato di sicurezza nazionale, indipendente dalla società.[5]

Lo scrittore americano Michael Lind sottolinea che il sogno imperiale abbozzato dalla cricca neoconservatrice "era osteggiato dall'élite della politica estera statunitense e dalla maggioranza del popolo americano, che secondo i sondaggi, si opponeva

---

[5] Philip S. Golub. "Inventare demoni". Rivista *Counterpunch* online su counterpunchorg, 5 aprile 2003. La traduzione inglese è stata ripubblicata da *LeMonde Diplomatique*.

all'azione militare degli Stati Uniti in Iraq e altrove senza il sostegno degli alleati e delle istituzioni internazionali come le Nazioni Unite. La politica estera della destra radicale era sostenuta con entusiasmo solo da due gruppi negli Stati Uniti: i politici e gli intellettuali non conservatori a livello di élite e gli elettori protestanti del Sud tra il pubblico in generale".[6]

Nonostante la diffusa opposizione, sia negli Stati Uniti che nel resto del mondo, il 17 marzo 2003 il Presidente degli Stati Uniti George W. Bush annunciò ufficialmente che la guerra contro l'Iraq era imminente. Dopo mesi di acrimoniosi dibattiti, il Presidente americano dichiarò che gli Stati Uniti - alleati con la Gran Bretagna e pochi altri Paesi - avrebbero effettivamente "agito da soli", senza il sostegno della comunità mondiale.

Alcuni critici faranno notare che il 17 marzo era la vigilia di Purim, la tradizionale festa ebraica che celebra la vittoria dell'antico popolo ebraico sull'odiato nemico Haman. Tuttavia, non tutti gli ebrei - in America o altrove - si sono uniti alla cricca dei "neoconservatori", anche se in realtà la maggior parte dei principali neoconservatori sono effettivamente ebrei.

RICHARD PERLE E WILLIAM KRISTOL

Come ha sottolineato lo scrittore ebreo americano Stanley Heller nei giorni precedenti l'attacco all'Iraq: "Dobbiamo dire al popolo americano tutta la verità, cioè che parte della campagna di guerra è alimentata da una stravagante cricca militarista in Israele e dai suoi gruppi interconnessi di sostenitori americani ebrei e cristiani".[7] Inoltre, il professor Paul Gottfried - un accademico ebreo americano che si definisce "conservatore" ma si oppone

---

[6] *Michael Lind.* Made in Texas: George W. Bush and the Southern Takeover of American Politics *(New York: Basic Books, 2003), p. 138.*

[7] Stanley Heller ha scritto il 20 febbraio 2003 sul sito web antiwar.com.

vigorosamente alle attività dei cosiddetti "neoconservatori" - ha aggiunto, scrivendo altrove

> Nessuna persona sana di mente affermerebbe che tutti gli ebrei collaborano con [leader neoconservatori favorevoli alla guerra come] Richard Perle e [William] Kristol. Ciò che viene giustamente osservato è una convergenza di interessi in cui i neo-conservatori hanno svolto un ruolo centrale. Oggi controllano quasi tutti i think tank "conservatori" [a Washington, D.C.], la rete televisiva "conservatrice" [Fox News del miliardario filo-sionista Rupert Murdoch], *il Wall Street Journal*, il *New York Post* e diverse grandi case editrici, oltre a quasi tutte le riviste che si dichiarano conservatrici.[8]

I commenti del professor Gottfried ci introducono quindi a due nomi chiave che compariranno più volte in queste pagine: Richard Perle e William Kristol. Sono forse i due neoconservatori più influenti del "partito della guerra", in virtù della loro posizione, influenza e peso finanziario. Sono i principali responsabili, in larga misura, della definizione delle politiche dell'amministrazione Bush che hanno portato all'attuale conflitto in Medio Oriente, con il dispiegamento delle forze militari statunitensi contro l'Iraq e l'innegabile disastrosa occupazione che ne è seguita.

Anche se impareremo molto di più su Perle e Kristol, vale la pena di presentare brevemente queste due figure neo-conservatrici.

Spesso chiamato "il principe delle tenebre", Richard Perle (che è ebreo) è stato attivo nelle cause pro-Israele nella Washington ufficiale fin dalla metà degli anni '70, quando era un assistente

---

[8]   Professor   Paul   Gottfried,   20   marzo   2003, http://www.lewrockwell.com/gottfried/got-tfried47.html.

del potente senatore Henry M. Jackson (D-Washington), che era uno dei principali sostenitori di Israele al Congresso.

Durante questo periodo, Perle fu indagato per spionaggio a favore di Israele. In seguito Perle divenne un lobbista per gli interessi israeliani in materia di armi e fu infine nominato dal presidente Ronald Reagan a una posizione chiave nel Dipartimento della Difesa.

Dopo aver lasciato l'amministrazione Reagan, Perle è rimasto attivo a Washington, coinvolgendo un'ampia varietà di istituzioni e organizzazioni, dedicando le sue energie quasi esclusivamente a promuovere la causa di Israele, e in particolare quella del partito Likud di Ariel Sharon. Recentemente, Perle ha mantenuto una speciale affiliazione con il think tank "neo-conservatore" noto come American Enterprise Institute.

Tuttavia, quando George W. Bush divenne presidente, nominò Perle a capo del Defense Policy Board, un consiglio consultivo poco conosciuto ma influente. È da questa posizione che Perle, sfruttando i suoi molteplici contatti con collaboratori di lunga data nominati a posizioni di rilievo all'interno di e della stessa amministrazione Bush, iniziò a spingere attivamente la guerra all'Iraq.

Sebbene Perle si sia dimesso dalla carica di presidente del Consiglio per la politica di difesa pochi giorni dopo il lancio dei primi colpi contro l'Iraq - a seguito di accuse di conflitti di interesse derivanti dai suoi affari finanziari privati che si intersecavano con le politiche ufficiali del governo sulle quali aveva un impatto e dalle quali poteva trarre benefici personali - è rimasto un membro del Consiglio, e certamente il più influente, fino alle sue dimissioni formali nel marzo 2004.

Considerato tutto ciò che oggi sappiamo di Perle, forse non è una coincidenza che, già nel 1986, durante una visita in Gran Bretagna, Perle sia stato presentato in un dibattito con Denis Healey, allora leader del Partito Laburista, come "il responsabile della Terza Guerra Mondiale". [9] Alcuni detrattori di Perle suggerirono in seguito che l'uomo che aveva fatto queste osservazioni poteva essere dotato di capacità psichiche, dato il ruolo critico che Perle aveva effettivamente svolto nel lancio della guerra degli Stati Uniti contro l'Iraq.

William Kristol (anch'egli ebreo) è altrettanto influente, ma in un campo diverso. Figlio di un padre altrettanto influente, Irving Kristol - un tempo descritto come il "padrino" del movimento neoconservatore - il giovane Kristol ha sfruttato le conoscenze paterne per assicurarsi un posto di capo dello staff del vicepresidente Dan Quayle, in carica sotto il primo presidente Bush. Ma questo fu solo il primo passo dell'ascesa al potere di Kristol.

Dopo la sconfitta di Bill Clinton da parte di Bush e Quayle nel 1992, il giovane Kristol, grazie ai propri sforzi aggressivi - per non parlare della promozione sempre più favorevole che ha ricevuto da i media mainstream - è diventato forse la voce più nota della filosofia "neo-conservatrice". È stato attivamente coinvolto nella costruzione di una rete di relazioni pubbliche e di informazione ben finanziata e di vasta portata, collegata a molte delle fondazioni e dei think tank con cui il padre era stato precedentemente associato.

Oltre ad aver accettato la posizione di direttore del settimanale neoconservatore nazionale di Rupert Murdoch, *The Weekly Standard*, Kristol ha anche fondato la sua organizzazione, Project for the New American Century.

Come vedremo, le operazioni e le attività di Kristol erano strettamente intrecciate - anzi, erano intrecciate - con quelle di Richard Perle. Mentre le pressioni per una guerra contro l'Iraq si facevano sempre più bellicose dopo l'ascesa di George W. Bush

---

[9] The Sacramento Union, *29 giugno 1986*.

alla presidenza - e ancor più dopo gli attacchi terroristici dell'11 settembre, che i neoconservatori cercarono ripetutamente di collegare al leader iracheno Saddam Hussein - Perle e Kristol lavorarono sempre più a stretto contatto, fondendo le proprie reti di influenza fino a far sì che la filosofia neoconservatrice diventasse la forza guida dell'intero apparato di politica estera di Bush.

William Kristol - insieme a un altro stretto collaboratore, Robert Kagan - è stato il principale divulgatore della strategia imperiale neo-conservatrice. Il loro libro del 2000, *Present Dangers: Crisis and Opportunity in American Foreign and Defense* Policy, era un'esposizione completa del punto di vista neo-conservatore, con saggi di Perle - ovviamente - e di altre "star" neo-conservatrici associate a Kristol e Perle.

In una recensione del libro, l'ex diplomatico britannico Jonathan Clark ha commentato: "Se le raccomandazioni del libro venissero attuate tutte insieme, gli Stati Uniti rischierebbero di scatenare unilateralmente almeno una guerra su cinque fronti, incitando al contempo Israele ad abbandonare il processo di pace a favore di un nuovo spietato confronto con i palestinesi".[10]

Ironia della sorte, come ha sottolineato Michael Lind, uno dei principali critici dei neo-conservatori: "Si è rivelata una previsione delle politiche che l'amministrazione di George W. Bush avrebbe adottato nei due anni successivi".[11] Lind osserva: "La destra sionista radicale a cui [Perle e Kristol] appartengono è piccola, ma è diventata una forza significativa nei circoli politici

---

[10] Jonathan Clarke. *L'interesse nazionale*. Primavera 2001.

[11] *Michael Lind*. Made in Texas: George W. Bush and the Southern Takeover of American Politics *(New York: Basic Books, 2003), p. 132.*

repubblicani".[12] Lind aggiunge che la preoccupazione principale di molti membri di questa rete neoconservatrice è "il potere e la reputazione di Israele". [13] Sottolinea che hanno condotto campagne di pubbliche relazioni virulente contro chiunque li ostacolasse, compresi importanti e influenti leader militari statunitensi che hanno messo in discussione le politiche neo-conservatrici.

IL LEGAME CON ISRAELE

È quindi chiaro che l'orientamento filo-israeliano dei neoconservatori è stata una delle principali preoccupazioni nella formulazione (e nella conduzione) delle politiche che hanno cercato di attuare.

Ciò solleva la questione della misura in cui lo Stato di Israele (e i suoi sostenitori americani, in particolare all'interno della rete neoconservatrice) abbia effettivamente svolto un ruolo nel lancio della guerra contro l'Iraq.

Come abbiamo visto, il ruolo di Israele nella vicenda irachena è stato problematico, in quanto si trattava di proteggere Israele (e gli ebrei americani) da possibili contraccolpi da parte di molti americani che non sopportavano l'idea che la politica americana potesse essere basata esclusivamente sugli interessi di Israele.

Il 27 novembre 2002, *il Washington Post* ha riferito che un gruppo di consulenti politici americani, che in precedenza aveva fornito consulenza a politici israeliani, era stato assunto dall'Israel Project - descritto come "un gruppo finanziato da organizzazioni ebraiche americane e da singoli donatori" - per redigere un

---

[12] "La distorsione della politica estera statunitense: La lobby di Israele e il potere americano". Michael Lind. *Prospect,* aprile 2002.

[13] *Ibidem.*

promemoria per i leader ebrei americani e israeliani su come affrontare al meglio la controversia sull'Iraq. Il promemoria consigliava loro: "Se il vostro obiettivo è il cambio di regime, dovete essere molto più cauti nel linguaggio a causa del potenziale contraccolpo. Non volete che gli americani credano che la guerra contro l'Iraq sia condotta per proteggere Israele piuttosto che per proteggere l'America". [14] Tuttavia, come sottolinea Michael Lind nella sua nuova biografia del Presidente Bush, l'influenza di Israele e dei neoconservatori è innegabile:

> Sotto George W. Bush, l'esecutivo americano e il governo israeliano si sono fusi in una misura senza precedenti nella storia americana...
>
> Per quanto possa sembrare strano, grazie all'influenza del modello israeliano sui neoconservatori dell'amministrazione Bush, gli Stati Uniti, la prima potenza mondiale, hanno iniziato a comportarsi come se fossero uno Stato paria internazionale insicuro e assediato, proprio come Israele sotto la guida del partito Likud.[15]

Su *Time* del 17 febbraio 2003, uno dei più importanti neo-conservatori americani, l'editorialista Charles Krauthammer, ha annunciato che la proposta di guerra contro l'Iraq "non riguarda solo il disarmo di Saddam. Si tratta di riformare un'intera parte del mondo... Ciò di cui gli Stati Uniti hanno bisogno nel mondo arabo non è una strategia di uscita, ma una strategia di entrata. L'Iraq è la porta d'ingresso... "Krauthammer ha nominato con

---

[14] "Gruppo sollecita il silenzio dei leader pro-Israele sull'Iraq". *Washington Post*, 27 novembre 2002.

[15] *Michael Lind.* Made in Texas: George W. Bush and the Southern Takeover of American Politics *(New York: Basic Books, 2003), pp. 140-141.*

franchezza gli obiettivi della politica di guerra neo-conservatrice: "Iran, Arabia Saudita, Siria e oltre".[16]

In realtà, le prove pubblicate indicano che il governo israeliano voleva effettivamente che gli Stati Uniti attaccassero l'Iraq, come primo passo per ulteriori azioni contro altri presunti nemici dello Stato di Israele. Il 18 febbraio 2003, il quotidiano israeliano *Ha'aretz* riportò che il Primo Ministro israeliano Ariel Sharon chiedeva agli Stati Uniti di attaccare l'Iran, la Libia e la Siria dopo quello che si presumeva fosse il successo della distruzione dell'Iraq da parte degli Stati Uniti - un'opinione non dissimile da quella espressa da Krauthammer, citata sopra.

Sharon ha dichiarato: "Si tratta di Stati irresponsabili che devono essere disarmati delle armi di distruzione di massa e il successo dell'azione americana in Iraq, che servirà da modello, faciliterà il raggiungimento di questo obiettivo". Il Primo Ministro israeliano ha dichiarato a una delegazione di membri del Congresso degli Stati Uniti in visita a che "l'azione americana [contro l'Iraq] è di vitale importanza".[17]

Il giornale israeliano ha anche riferito che, durante gli incontri con Sharon e altri funzionari israeliani, il sottosegretario di Stato americano John Bolton - uno dei principali "neoconservatori" dell'amministrazione Bush che ha incoraggiato la guerra contro l'Iraq - ha detto, secondo le parole del giornale israeliano, che Bolton credeva che dopo aver affrontato l'Iraq, "sarebbe stato necessario in seguito affrontare le minacce provenienti da Siria, Iran e Corea del Nord".[18]

---

[16] *Time*, 17 febbraio 2003.

[17] *Ha'aretz*, 18 febbraio 2003.

[18] *Ibidem*.

Inoltre, il 27 febbraio 2003, *il New York Times* ha riferito liberamente che Israele non solo sosteneva una guerra degli Stati Uniti contro l'Iraq, ma riteneva anche che in ultima analisi la guerra dovesse essere estesa ad altre nazioni percepite come minacce per Israele. *Il Times* affermava:

> Molti israeliani sono così convinti della saggezza di una guerra contro l'Iraq che i funzionari stanno già pensando al dopoguerra e sostengono un ruolo ancora assertivo degli Stati Uniti in Medio Oriente. La scorsa settimana, il Segretario alla Difesa Shaul Mofaz ha dichiarato ai membri della Conferenza dei Presidenti delle principali organizzazioni ebraiche americane che, dopo l'Iraq, gli Stati Uniti dovrebbero esercitare "pressioni politiche, economiche e diplomatiche" sull'Iran. Abbiamo un interesse personale a plasmare il Medio Oriente nel periodo immediatamente successivo alla guerra", ha dichiarato. Israele vede l'Iran e la Siria come minacce maggiori e spera che, una volta eliminato Saddam Hussein, le tessere del domino comincino a cadere.[19]

E mentre alcuni ebrei americani, agendo indipendentemente dalle principali organizzazioni della comunità ebraica, si sono opposti alla guerra contro l'Iraq, non c'è dubbio che le organizzazioni ebraiche americane d'élite, strettamente legate all'intelligence israeliana e al governo di Israele, hanno sostenuto con forza la campagna per la guerra. Queste organizzazioni hanno agito come organizzazioni ebraiche, sostenendo di rappresentare tutti gli ebrei americani, mentre in realtà non lo facevano.

Dopo lo scoppio della guerra, la Anti-Defamation League (ADL) del B'nai B'rith - descritta dai suoi critici come un braccio di propaganda del servizio clandestino di Israele, il Mossad - ha rilasciato una dichiarazione. Vi si legge: "Esprimiamo il nostro

---

[19] James Bennett nel *New York Times*, 27 febbraio 2003.

sostegno agli Stati Uniti: "Esprimiamo il nostro sostegno al governo degli Stati Uniti nei suoi sforzi per arrestare il presidente iracheno Saddam Hussein e il pericolo che egli rappresenta per la stabilità e la sicurezza della regione. La necessità di arrestare Saddam Hussein è evidente".[20]

CRITICA IN AMERICA

Tuttavia, mentre i leader israeliani e i loro alleati neo-conservatori invocavano la guerra, molti americani di ogni razza, credo e colore si sono alzati e hanno dichiarato la loro opposizione.

Nei mesi di dibattito che hanno preceduto l'attacco degli Stati Uniti all'Iraq, il deputato Dennis Kucinich (D-Ohio) si è imposto come il più schietto ed eloquente oppositore del piano di guerra. Ha presentato numerosi argomenti contro la guerra, giudicandola totalmente infondata e contraria a tutta la politica americana tradizionale:

> L'azione militare unilaterale degli Stati Uniti contro l'Iraq è ingiustificata, ingiustificabile e illegale...

> Un'azione unilaterale da parte degli Stati Uniti, o in collaborazione con la Gran Bretagna, impegnerebbe per la prima volta la nostra nazione sulla strada sanguinosa della guerra aggressiva, un sacrilegio alla memoria di coloro che hanno combattuto per difendere questo Paese. Minerebbe l'autorità morale dell'America nel mondo. Destabilizzerebbe l'intera regione del Golfo Persico e il Medio Oriente...

> Le politiche di aggressione sono indegne di qualsiasi nazione con una tradizione democratica, per non parlare di

---

[20] Si veda il sito web dell'ADL all'indirizzo adl.org. Dichiarazione pubblicata il 21 marzo 2003.

una nazione di persone che amano la libertà e i cui figli e figlie si sacrificano per mantenere la democrazia.

La questione non è se l'America abbia o meno la potenza militare per distruggere Saddam Hussein e l'Iraq. La questione è se stiamo distruggendo qualcosa di essenziale in quella nazione dicendo che l'America ha il diritto di farlo quando vuole.

L'America non può e non deve essere il poliziotto del mondo. L'America non può e non deve cercare di scegliere i leader delle altre nazioni. Né l'America e il popolo americano devono essere messi al servizio degli interessi petroliferi internazionali e dei trafficanti di armi...

Se gli Stati Uniti perseguono una politica di primo attacco, si assumeranno l'onere storico di commettere una violazione del diritto internazionale e abbandoneranno ogni posizione morale che potrebbero sperare di avere.[21]

In modo notevole, anche dopo l'inizio della guerra, Kucinich si è rifiutato di farsi convincere a sostenere la guerra con il pretesto di "sostenere le truppe" - uno slogan popolare che è sempre stato usato per convincere gli americani a sostenere una guerra impopolare dopo che le truppe statunitensi sono state formalmente impegnate nell'azione.

Senza farsi scoraggiare dalle accuse di "mancanza di patriottismo", ecc:

Io sostengo le truppe. Ma questa guerra è illegale e sbagliata. Non sostengo questa missione. Non voterò per finanziare la guerra in Iraq di questa amministrazione. Questa guerra sta uccidendo le nostre truppe. Questa guerra

---

[21] "Il sentiero macchiato di sangue", Dennis Kucinich. *The Progressive*, novembre 2002.

sta uccidendo civili iracheni innocenti. Questa guerra deve finire ora. Era ingiusta quando è iniziata quindici giorni fa, ed è ancora ingiusta oggi. Gli Stati Uniti dovrebbero ritirarsi ora e cercare di salvare le vite delle truppe americane e dei cittadini iracheni. Fermare la guerra e riprendere le ispezioni sugli armamenti potrebbe salvare l'opinione mondiale sugli Stati Uniti. La più grande minaccia per gli Stati Uniti al momento è il terrorismo, che questa guerra genererà.[22]

Kucinich non è stato l'unico funzionario americano a prendere una coraggiosa posizione pubblica contro la guerra, ma è stato certamente uno dei più schietti.

Mentre le truppe statunitensi iniziavano l'assalto alla repubblica araba, il senatore Robert Byrd della Virginia Occidentale, il membro più longevo del Senato degli Stati Uniti ed ex leader dei Democratici del Senato, ha pronunciato un discorso sprezzante in aula al Senato, dichiarando che la guerra era completamente in contrasto con la politica tradizionale degli Stati Uniti. Disse

> Oggi piango per il mio Paese. Ho seguito gli eventi degli ultimi mesi con il cuore pesante. L'immagine dell'America non è più quella di un pacificatore forte e benevolo.

> Stiamo proclamando una nuova dottrina di prelazione, compresa da pochi e temuta da molti. Affermiamo che gli Stati Uniti hanno il diritto di rivolgere la loro potenza di fuoco verso qualsiasi angolo del mondo che possa essere sospetto nella guerra al terrorismo. Affermiamo questo diritto senza la sanzione di alcun organismo internazionale. Di conseguenza, il mondo è diventato un posto molto più

---

[22] La dichiarazione del deputato Kucinich è disponibile al seguente indirizzo: http://www.kucinich.us/

pericoloso. Ostentiamo con arroganza il nostro status di superpotenza.

Quando siamo diventati una nazione che ignora e rimprovera i suoi amici? Quando abbiamo deciso di rischiare di minare l'ordine internazionale adottando un approccio radicale e dottrinario all'uso della nostra imponente potenza militare? Come possiamo abbandonare gli sforzi diplomatici quando le turbolenze del mondo richiedono la diplomazia?[23]

È chiaro che se i neo-conservatori difficilmente riflettevano il pensiero di molti americani di tutte le convinzioni politiche, riflettevano invece una filosofia particolare, indubbiamente legata all'agenda imperiale del partito israeliano Likud.

In questa prospettiva, vale la pena di iniziare a esaminare la natura della rete neo-conservatrice che regna sovrana nella Washington ufficiale sotto l'amministrazione di George W. Bush.

LA RETE NEOCONSERVATRICE

Il 13 dicembre 2002, la rivista *Counterpunch*, diretta dal giornalista irlandese-americano Alexander Cockburn, ha pubblicato un articolo che solleva la questione della "doppia lealtà" dell'amministrazione Bush e fornisce un'affascinante visione della rete neoconservatrice che ha portato l'America alla guerra. Gli autori dell'articolo sono Bill e Kathleen Christison, una coppia di ex analisti della Central Intelligence Agency statunitense. Essi citano le simpatie israeliane dei principali decisori neoconservatori dell'amministrazione Bush, sottolineando che questi neoconservatori erano in realtà strettamente allineati con l'ideologia del blocco Likud in Israele.

---

[23] *Registro del Congresso* degli Stati Uniti. Affari del Senato. 19 marzo 2003.

Il loro riassunto del "cast di personaggi" tra i neoconservatori è accurato e degno di nota

Il vice segretario alla Difesa Paul Wolfowitz guida il gruppo. È stato un protetto di Richard Perle, che dirige l'eminente organo consultivo del Pentagono, il Defense Policy Board. Molti dei neoconservatori di oggi, compreso Perle, sono i discendenti intellettuali del defunto senatore Henry "Scoop" Jackson di, un convinto sostenitore della difesa e uno dei più strenui difensori di Israele al Congresso negli anni Settanta.

Wolfowitz è stato a sua volta mentore di Lewis "Scooter" Libby, oggi capo dello staff del Vicepresidente Cheney, che è stato allievo di Wolfowitz e poi suo subordinato negli anni '80, sia al Dipartimento di Stato che a quello della Difesa.

Un altro dei protetti di Perle è Douglas Feith, attualmente sottosegretario alla Difesa per la politica, il numero tre del Ministero, che ha lavorato a stretto contatto con Perle, sia come lobbista per la Turchia che come coautore di documenti strategici per i governi israeliani di destra.

I vicesegretari Peter Rodman e Dov Zakheim, vecchie conoscenze dell'amministrazione Reagan, quando i neoconservatori erano al primo posto, completano i ranghi del sottogabinetto della Difesa. Ai livelli più bassi, i capi dei desk Israele e Siria/Libano della Difesa sono importati dall'Istituto di Washington per la Politica del Vicino Oriente, un think-tank scaturito dall'organizzazione lobbistica pro-Israele AIPAC.

I neoconservatori non hanno fatto molta strada al Dipartimento di Stato, con l'eccezione di John Bolton, un falco dell'American Enterprise Institute e sostenitore di Israele che, secondo quanto riferito, è stato imposto a un riluttante Colin Powell come sottosegretario al controllo degli armamenti. L'assistente speciale di Bolton è David Wurmser, che ha scritto e/o co-scritto con Perle e Feith almeno due documenti strategici per il Primo Ministro israeliano Netanyahu nel 1996.

La moglie di Wurmser, Meyrav Wurmser, è cofondatrice del sito web MEMRI (Middle East Media Research Institute), gestito da ufficiali militari e dei servizi segreti israeliani in pensione e specializzato nella traduzione e nell'ampia diffusione di media arabi e dichiarazioni di leader arabi. Una recente inchiesta del *Guardian* di Londra ha rivelato che le traduzioni del MEMRI sono distorte perché altamente selettive. Sebbene traduca e diffonda inevitabilmente le dichiarazioni arabe più estreme, ignora i commenti arabi moderati e le dichiarazioni ebraiche estremiste.

Nell'ufficio del Vicepresidente, Cheney ha creato un proprio staff per la sicurezza nazionale, guidato da assistenti notoriamente molto filoisraeliani. Il vicedirettore di questo team, John Hannah, è un ex membro del Washington Institute, orientato verso Israele.

All'interno del Consiglio di Sicurezza Nazionale, il nuovo direttore degli affari mediorientali è Elliott Abrams, salito alla ribalta dopo essersi dichiarato colpevole di aver nascosto informazioni al Congresso nello scandalo Iran-Contra (e graziato dal Presidente Bush senior) e che da tempo difende le posizioni della destra israeliana. Mettere lui in una posizione politica chiave sul conflitto israelo-palestinese è come affidare il pollaio a una volpe.

Probabilmente l'organizzazione più importante, in termini di influenza sulla formulazione della politica dell'Amministrazione Bush, è il Jewish Institute for National Security Affairs (JINSA). Creato dopo la guerra arabo-israeliana del 1973 con l'obiettivo specifico di attirare l'attenzione dei responsabili politici statunitensi sui problemi di sicurezza di Israele e di concentrarsi anche sulle principali questioni di difesa, il Jewish Institute for National Security Affairs (JINSA), organizzazione di destra estremamente bellicosa, ha sempre avuto un potente consiglio di amministrazione in grado di collocare i suoi membri all'interno delle amministrazioni statunitensi conservatrici. Cheney, Bolton e Feith ne sono stati membri fino a quando non sono entrati nell'amministrazione Bush. Diversi funzionari di livello inferiore della JINSA lavorano ora nel Ministero della Difesa.

Lo stesso Wolfowitz è stato cauto in pubblico, scrivendo principalmente di questioni strategiche più ampie piuttosto che di Israele in particolare o anche del Medio Oriente, ma è chiaro che Israele è un interesse importante e potrebbe essere la ragione principale della sua quasi ossessione per lo sforzo, che sta guidando, di sbarazzarsi di Saddam Hussein, rifare il governo iracheno a immagine e somiglianza degli americani, e poi ridisegnare la mappa del Medio Oriente raggiungendo gli stessi obiettivi in Siria, Iran e forse altri Paesi.

Ma il suo interesse per Israele ritorna sempre. Anche i profili che minimizzano il suo attaccamento a Israele menzionano sempre l'influenza dell'Olocausto, in cui perirono diversi membri della sua famiglia, sul suo pensiero. Una fonte dell'amministrazione lo ha descritto con franchezza come "completamente pazzo quando si tratta di Israele". Sebbene questo probabilmente descriva accuratamente la maggior parte del resto del coté neocon, e Wolfowitz sia colpevole almeno per associazione, egli è in realtà più complesso e sfumato di così.[24]

I Christison hanno fatto notare che un profilo di Wolfowitz *sul New York Times Magazine*, scritto da Bill Keller, cita i critici che sostengono che "Israele esercita una potente attrazione

---

[24] Bill e Kathleen Christison, articolo pubblicato sulla rivista *Counterpunch* all'indirizzo counterpunch.org, 13 dicembre 2002.

gravitazionale su quest'uomo" [25] e nota che da adolescente Wolfowitz ha vissuto in Israele durante il semestre sabbatico che il padre matematico vi ha trascorso. Inoltre, sua sorella è sposata con un israeliano.

Keller riconosce persino, con una certa riluttanza, l'accuratezza di una caratterizzazione di Wolfowitz come "Israele-centrico". Tuttavia, i Christisons osservano che "Keller fa notevoli contorsioni per evitare quello che definisce "l'offensivo suggerimento di una doppia lealtà" e, nel farlo, si chiede se non stia protestando troppo".[26]

I fatti sulla cricca neo-conservatrice che governa le politiche dell'amministrazione Bush sono quindi molto chiari. Tuttavia, la maggior parte dei media mainstream statunitensi è stata inizialmente riluttante a mettere in evidenza le notevoli connessioni e le associazioni di lunga data di questa cricca di mediatori politici che la pensano allo stesso modo. I media americani indipendenti - come l'*American Free Press*, con sede a Washington, tra i più importanti - che hanno osato menzionare il ruolo di primo piano dei "neo-cons" sono stati spesso attaccati come "teorici della cospirazione" e persino come "antisemiti", tra i tanti termini simili spesso utilizzati per confondere le acque e distogliere così l'attenzione dagli intrighi di Israele e della sua lobby americana.

LA VERITÀ EMERGE DAI MEDIA AMERICANI

Tuttavia, una volta che la guerra contro l'Iraq, a lungo pianificata e orchestrata dai "neoconservatori", era stata lanciata con sicurezza, un articolo in prima pagina nel numero del 21 marzo 2003 del *Wall Street Journal*, favorevole alla guerra, ammise la

---

[25] Citato da Christison, *Ibid.*

[26] *Ibidem.*

verità. Il titolo era diretto: "Il sogno di un nuovo presidente per il Medio Oriente: cambiare non solo il regime ma la regione". Una zona democratica filoamericana è un obiettivo con radici israeliane e neoconservatrici". L'articolo inizia con una franca affermazione: "Mentre invia truppe e aerei americani in Iraq, il Presidente Bush non pensa solo a cambiare un Paese. Il suo sogno è quello di rendere l'intero Medio Oriente un luogo diverso e più sicuro per gli interessi americani".[27]

L'articolo descrive poi il potere della rete neoconservatrice favorevole alla guerra che circonda Richard Perle e il suo collaboratore William Kristol. L'articolo riassume gli eventi che hanno portato alla decisione del Presidente Bush di entrare in guerra con l'Iraq e il ruolo dei neoconservatori in questo processo.

Tre giorni dopo, il 24 marzo 2003, il *New York Times* pubblicò un articolo simile, in cui si affermava che la dottrina della guerra preventiva sostenuta dai neoconservatori affondava le sue radici nei primi anni Novanta.

(Tuttavia, come vedremo, l'agenda generale neoconservatrice risale a molto prima). L'articolo del *Times* cita un funzionario dell'amministrazione senza nome che ha detto della guerra in Iraq: "Questo è solo l'inizio": "Questo è solo l'inizio".[28]

GLI EX-COMUNISTI DIVENTANO NEO-CONSERVATORI

Per comprendere l'orientamento politico dei "neoconservatori" e la loro agenda, è essenziale riconoscere non solo l'importante

---

[27] *Wall Street Journal*, 21 marzo 2003.

[28] *New York Times*, 24 marzo 2003.

ruolo svolto oggi dal già citato William Kristol, ma anche quello di suo padre e sua madre e dei loro collaboratori, che sono centrali nella storia dello sviluppo del blocco di potere neoconservatore in America.

Sebbene oggi Kristol sia forse la voce neoconservatrice più nota nei media, è molto di più. Non solo è il principale stratega delle pubbliche relazioni dei neoconservatori - alcuni direbbero "propagandista" - ma è anche il rampollo di una potente coppia di scrittori ebrei americani - a loro volta descritti come "ex trotzkisti" - composta da Irving Kristol e Gertrude Himmelfarb. Il più anziano dei Kristol - insieme a una manciata di altri pensatori che la pensano allo stesso modo - è generalmente considerato la principale forza fondatrice del movimento neo-conservatore.

[29]Secondo il settimanale ebraico americano *Forward*, il piccolo gruppo di "intellettuali newyorkesi"[30], per lo più ebrei, che operavano nella sfera d'influenza di Kristol, erano "noti agli addetti ai lavori come 'The Family'"[31] - una denominazione che, per chi ha familiarità con gli intrighi della Guerra Fredda, suggerisce forse un legame criptico, quasi settario, o addirittura una classica "cellula" comunista.

In effetti, Kristol e la "Famiglia" sono legati alla Guerra Fredda, poiché tra gli anni Trenta e gli anni Cinquanta erano seguaci di Leon Trotsky, il rivoluzionario bolscevico, e ardenti critici del feroce rivale di Trotsky, Josef Stalin, che assunse la guida dell'Unione Sovietica dopo aver costretto Trotsky all'esilio. Tuttavia, nel corso degli anni, a partire da alla fine degli anni Cinquanta e soprattutto negli anni Sessanta, si dice che la loro filosofia politica abbia iniziato a "evolversi". Tuttavia, alcuni

---

[29] *Ibidem.*

[30] *Avanti*, 21 marzo 2003.

[31] *Ibidem.*

sostengono che gli ex trotskisti sono tutt'altro che "ex", e che rimangono dei veri e propri trotskisti che hanno adattato la loro filosofia tradizionale alle preoccupazioni, agli eventi e alle realtà politiche di oggi.

Michael Lind, autore di una nuova biografia del Presidente George W. Bush, ha tracciato le origini dell'affiatato nucleo attorno a Kristol in quei giorni e negli anni successivi, e spiega il loro cambiamento di opinione

> I neo-conservatori non erano repubblicani conservatori tradizionali. La maggior parte di loro era stata liberale o democratica di sinistra; alcuni erano stati originariamente marxisti. Molti erano ebrei e avevano rotto con la sinistra democratica a causa dell'ostilità di quest'ultima nei confronti dell'occupazione israeliana delle terre arabe dopo il 1967 e dell'ostilità di molti attivisti del Black Power nei confronti degli ebrei americani e di Israele. Ronald Reagan fu il primo presidente repubblicano per il quale molti neo-conservatori votarono.
>
> Mentre la politica estera dell'establishment repubblicano tradizionale rifletteva la paura dell'élite economica del disordine internazionale, la strategia neoconservatrice rifletteva il fervore ideologico degli ex liberali wilsoniani [in riferimento all'ex presidente degli Stati Uniti Woodrow Wilson, sostenitore dell'interventismo statunitense all'estero] e degli ex rivoluzionari marxisti, unito, nel caso di molti neoconservatori ebrei, a un impegno etnico emotivo per il benessere di Israele.[32]

ISRAELE E I NEOCONSERVATORI

---

[32] *Michael Lind.* Made in Texas: George W. Bush and the Southern Takeover of American Politics *(New York: Basic Books, 2003), p. 138.*

L'accademico ebreo americano Benjamin Ginsberg ha descritto il ruolo centrale della sicurezza di Israele nel pensiero dei neo-conservatori e nelle loro attività politiche nell'ultimo quarto del XX secolo

> Gli intellettuali ebrei neo-conservatori hanno svolto un ruolo chiave negli anni '70 e '80 nel giustificare l'aumento della spesa per la difesa e nel collegare gli aiuti militari statunitensi a Israele al più ampio sforzo degli Stati Uniti per contenere l'Unione Sovietica.

> Israele è stato presentato come una "risorsa strategica" americana in grado di svolgere un ruolo importante nel contenere l'espansione sovietica in Medio Oriente.

> Alcuni neo-conservatori ebrei iniziarono a sostenere la necessità di aumentare la spesa per la difesa e di rafforzare le capacità di difesa dell'America di fronte a quella che consideravano una crescente minaccia di espansionismo sovietico.[33]

Nel 1986, il famoso romanziere americano Gore Vidal formulò una valutazione simile, anche se meno amichevole, dei neo-conservatori.

Rispondendo alle accuse di essere "antisemita" per aver criticato l'insolito grado di attaccamento dei "neo-conservatori" ebrei americani a Israele - più che all'America - Vidal ha descritto i neo-conservatori come "amanti dell'impero" e ha affermato che c'era una ragione per cui questi ex-trotzkisti erano ora così innamorati della potenza militare americana:

> Per ottenere il denaro dal Tesoro [statunitense] per Israele (3 miliardi di dollari l'anno scorso), i lobbisti pro-Israele

---

[33] Benjamin Ginsberg. *The Fatal Embrace: Jews and The State* (Chicago: University of Chicago Press), 1993, pp. 204-205.

devono assicurarsi che le squadre statunitensi "i russi stanno arrivando" siano al loro posto, in modo da poter continuare a spaventare il popolo americano e indurlo a spendere enormi somme per la "difesa", che significa anche sostenere Israele nelle sue guerre infinite contro praticamente tutti. Per garantire che quasi un terzo del bilancio federale vada al Pentagono e a Israele, è necessario che i lobbisti pro-Israele facciano causa comune con la nostra destra lunatica. 34

All'epoca, tuttavia, Vidal non aveva idea del potere che i neo-conservatori avrebbero poi acquisito. Ma Vidal rimane uno schietto critico dell'imperialismo americano e israeliano e uno dei romanzieri in lingua inglese più amati al mondo.

A prescindere dal loro riconoscimento nei circoli "intellettuali", gli elementi "neoconservatori" erano praticamente sconosciuti (e lo sono tuttora) al grande pubblico americano. Infatti, è stato probabilmente nel numero del 7 novembre 1977 di *Newsweek*, pubblicato dalla stessa società del *Washington Post, che il* termine "neoconservatore" è stato introdotto per la prima volta in un vasto pubblico americano.

Nel 1979, l'autore Peter Steinfels pubblicò il primo libro completo sui "neoconservatori". Intitolato *The Neo-Conservatives: The Men Who Are Changing America's Politics (I neoconservatori: gli uomini che stanno cambiando la politica americana)*, il libro descriveva il neoconservatorismo come "una prospettiva politica distinta e potente [che] era emersa recentemente negli Stati Uniti".[35]

---

[34] *The Nation*, 22 marzo 1986.

[35] The Neocons: The Men Who Are Changing America's Politics *(New York: Simon* & Schuster, 1979), pag. 1.

L'autore saluta Irving Kristol, padre di William Kristol, come "il portabandiera del neoconservatorismo"[36] e si concentra in gran parte su Kristol e i suoi colleghi intellettuali che hanno dato forma al punto di vista neoconservatore.

Il libro ritrae il neoconservatorismo come una filosofia di recente sviluppo e si concentra in gran parte sulle sue prospettive di politica interna. In modo sorprendente,, pochissima parte del libro è dedicata al programma di politica estera dei neoconservatori, nonostante il fatto che i neoconservatori fossero, fin dall'inizio, fortemente concentrati sulla politica estera. Tuttavia, Steinfels ha osservato che i neoconservatori erano naturalmente, in quanto ex trotzkisti, ostili all'Unione Sovietica di Josef Stalin e alla sua eredità.

Tuttavia, l'autore fa notare che intorno a Kristol circolano molte voci, tra cui quella secondo cui, già negli anni Cinquanta, Kristol avrebbe ricevuto sovvenzioni dalla Central Intelligence Agency (CIA) statunitense.

LA CIA E I NEOCONSERVATORI

In realtà, come rivela un libro molto più recente, *The Cultural Cold War: The CIA and the World of Arts and Letters* (*La guerra fredda della cultura: la CIA e il mondo delle arti e delle lettere*), di Frances Stonor Saunders, i circoli in cui Kristol svolse un ruolo chiave - attorno a un gruppo noto come Congress for Cultural Freedom (esistito dal 1950 al 1967) e American Committee for Cultural Freedom (esistito dal 1950 al 1957) - erano effettivamente finanziati dalla CIA. L'autore ha condotto un'indagine esaustiva sulle attività di Kristol e dei suoi collaboratori e ha confermato che Kristol deve gran parte della

---

[36] Ibidem, p. 81.

sua fama e della sua pubblicità al sostegno dei servizi segreti statunitensi.[37]

Secondo uno studio del 1986 di Sidney Blumenthal, giornalista ebreo americano del *Washington Post*, divenuto in seguito uno dei principali consiglieri del Presidente Bill Clinton, Irving Kristol era considerato il "padrino" del movimento neo-conservatore, al quale gli altri si rivolgevano per ottenere posti di lavoro e finanziamenti. Kristol "era in grado di organizzare offerte da istituti e fondazioni [così lucrative] che nessun conservatore avrebbe potuto rifiutare".

Uno dei protetti di Kristol, Jude Wanniski - che da allora ha ampiamente rotto con i "neoconservatori" - si dice abbia descritto Kristol come "la mano invisibile" dietro il movimento neoconservatore.[38] Blumenthal ha osservato che il potere di Kristol era tale da poter essere paragonato a "un circuito di influenza che lampeggia come un albero di Natale quando viene collegato".[39] In effetti, attraverso le sue riviste, *The National Interest* e *The Public Interest*, Kristol ha esteso la sua influenza non solo nei ranghi del partito repubblicano, ma in tutta la scena pubblica.

Notando le origini trotzkiste dei "neoconservatori", Sidney Blumenthal ha valutato la natura della migrazione dei "neoconservatori" nel partito repubblicano - alcuni direbbero "l'invasione del partito repubblicano" - dichiarando: "I neoconservatori sono i trotzkisti del reaganismo, e Kristol è un

---

[37] Frances Stonor Saunders. *La guerra fredda culturale*. (New York: The New Press, 1999).

[38] *Sidney Blumenthal*. L'ascesa del contro-establishment: From Conservative Ideology to Political Power *(New York: Times Books, 1986), p. 148.*

[39] Ibidem, p. 159.

trotzkista diventato di destra": "I neoconservatori sono i trotzkisti del reaganismo, e Kristol è un trotzkista diventato di destra".[40]

Detto questo per la cronaca, il fatto è che oggi William Kristol - figlio del "padrino" neoconservatore Irving Kristol - porta avanti l'eredità di famiglia, che risale alle lotte filosofiche dell'era bolscevica e alla conseguente guerra fredda tra Stati Uniti e Unione Sovietica. Il giovane Kristol è senza dubbio uno dei più potenti opinionisti del pianeta.

IL LEGAME CON MURDOCH

In qualità di autoproclamato "leader conservatore", Kristol, che, come abbiamo notato, è editore e direttore della rivista *Weekly Standard* del miliardario Rupert Murdoch, ha sempre invocato l'intervento degli Stati Uniti all'estero, in particolare come mezzo per promuovere gli interessi dello Stato di Israele - una posizione in linea con le note simpatie di Murdoch per il blocco Likud della linea dura in Israele. (Murdoch stesso è in parte di origine ebraica, da parte di madre, anche se questo dettaglio è stato spesso ignorato, anche nei resoconti "mainstream" che citano l'infatuazione di Murdoch per la causa sionista).

Nel corso degli anni, diversi critici hanno sostenuto che lo sponsor di Kristol, Murdoch, è essenzialmente un rappresentante dei media di lunga data - un "prestanome" altamente pagato - per le forze combinate delle famiglie Rothschild, Bronfman e Oppenheimer che, insieme a Murdoch, sono state indicate dai critici fin dai primi anni '80 come "la banda dei quattro miliardari".

Questa cricca di miliardari è legata non solo da un'associazione reciproca negli affari finanziari internazionali, ma anche dalla loro eredità ebraica e dalla loro dedizione a promuovere gli

---

[40] Sidney Blumenthal, p. 154.

interessi dello Stato di Israele. Stanno anche estendendo il loro controllo e la loro influenza sui media statunitensi, e le operazioni di Murdoch sono forse le più pubbliche.

GLI UOMINI DI KRISTOL ALLA CASA BIANCA DI BUSH

In effetti, i tentacoli personali di Kristol all'interno dell'amministrazione Bush sono immensi. Il 19 marzo 2002, *il Washington Post* ha descritto gli ampi e intimi legami di Kristol con persone chiave della Casa Bianca. Notando che un certo Joseph Shattan era stato assunto come speechwriter del Presidente, il *Post* aggiungeva, in modo pertinente

> Shattan, che ha lavorato per Kristol quando era capo dello staff del Vicepresidente Dan Quayle, si unirà allo speechwriter di Bush Matthew Scully e allo speechwriter di Cheney John McConnell, che hanno lavorato entrambi sotto Kristol nella squadra di Quayle. Un altro speechwriter di Bush, Peter Wehner, ha lavorato per Kristol quando era capo dello staff dell'allora Segretario all'Istruzione William Bennett [egli stesso un protetto del padre di Kristol, Irving Kristol], mentre lo speechwriter del Consiglio di Sicurezza Nazionale Matthew Rees ha lavorato per Kristol al *Weekly Standard*.[41]

In effetti, molte delle persone che scrivono i discorsi ufficiali e le dichiarazioni pubbliche non solo del Presidente e del Vicepresidente, ma anche di altri funzionari chiave della politica estera, devono il loro patrocinio a Kristol. Tuttavia, il *Post* osserva che l'influenza di Kristol va oltre. Anche altri membri dell'amministrazione Bush dovevano la loro fedeltà a Kristol

---

[41] *The Washington Post*, 19 marzo 2002.

Il Segretario all'Energia Spencer Abraham è un accolito di Kristol fin dai tempi di Quayle, mentre il capo della politica sulle droghe John Walters ha lavorato sotto Kristol al Dipartimento dell'Istruzione. Jay Lefkowitz, il nuovo direttore del Consiglio per la politica interna di Bush, era l'avvocato di Kristol. Tra gli altri amici di Kristol figurano il direttore del Consiglio di Sicurezza Nazionale Elliott Abrams, il capo dello staff di Cheney I. Lewis "Scooter" Libby, il vicesegretario alla Difesa Paul Wolfowitz, il sottosegretario di Stato John Bolton e Leon Kass, capo del comitato di bioetica di Bush. I tentacoli si estendono all'entourage personale di Bush: Al Hubbard, un amico intimo di Bush, era il vice di Kristol nella squadra di Quayle.[42]

Ciò che rende tutto questo particolarmente notevole è che lo stesso Kristol ha sostenuto l'avversario di Bush alle primarie repubblicane, il senatore dell'Arizona John McCain, fervente sostenitore di Israele, durante la campagna presidenziale del 2000.

Quindi è giusto dire che Kristol - che inizialmente era forse un po' un "outsider" negli ambienti di Bush - è diventato un "insider", con un'influenza incredibile e ineguagliabile.

Uno dei critici di Kristol ha sottolineato la massiccia promozione ricevuta dai media statunitensi. Già nel 1996, egli affermava che Kristol era "di gran lunga il privato cittadino più citato dai media [e quindi] il più importante stratega del Partito Repubblicano".[43]

In sostanza, ciò significa che quando i media mainstream statunitensi vogliono promuovere un'idea o un punto di vista

---

[42] *Ibidem.*

[43] Eric Alterman. *The Nation*, 23 dicembre 1986.

particolare, i giornalisti della carta stampata e della radiotelevisione si rivolgono a Kristol per la sua prospettiva "neoconservatrice", spesso escludendo persone più note, rispettate e meglio informate. Alcuni sostengono che non si tratta di una coincidenza, dato che i media tradizionali percepiscono un forte pregiudizio a favore di Israele.

Con William Kristol, che agisce come un eloquente ed energico funzionario dei media, le forze "neoconservatrici" all'interno dell'amministrazione Bush hanno acquisito un potente alleato che, a sua volta, dispone di risorse estremamente lucrative e di influenti connessioni internazionali che lo sostengono.

Così, all'indomani degli attacchi terroristici dell'11 settembre, mentre l'amministrazione Bush si preparava a rispondere all'assalto all'America, Kristol e le sue forze neoconservatrici cominciarono a riunirsi intorno all'idea di ampliare la risposta americana contro il principale sospettato, il leader fondamentalista islamico Osama bin Laden, in un assalto a tutto campo al mondo arabo e musulmano.

All'inizio, il Segretario di Stato Colin Powell sembrava essere l'unica figura nota dell'amministrazione Bush ad opporsi a una politica imperiale americana basata su una guerra contro l'Iraq.

Insieme ai Capi di Stato Maggiore, che sostenevano un approccio cauto alla crisi, Powell si trovò ad affrontare, all'interno dell'amministrazione Bush, un gruppo affiatato di strenui guerrafondai che cercavano di ignorare la politica dichiarata dall'amministrazione ed erano determinati a sovvertirla per i propri fini.

Mentre il vicesegretario alla Difesa Paul Wolfowitz è stato il principale interlocutore della lobby israeliana all'interno dell'amministrazione Bush, spingendo per un assalto a tutto campo a Stati arabi chiave come l'Iraq e la Siria - per non parlare della Repubblica islamica dell'Iran - i suoi sforzi sono stati abilmente sostenuti da William Kristol e dalla sua rete politica e di propaganda "neo-conservatrice".

KISSINGER E KRISTOL

*Nell'*edizione del 24 settembre 2001, l'*American Free Press*, con sede a Washington, ha riassunto brevemente il background di Kristol, notando che è un membro del gruppo segreto Bilderberg, finanziato congiuntamente dagli imperi finanziari Rockefeller e Rothschild. Kristol è anche membro del Council on Foreign Relations, che potrebbe essere il gruppo politico d'élite "americano", la filiale statunitense del Royal Institute of International Affairs di Londra, finanziato dai Rothschild.

Un'inchiesta dell'*American Free Press* ha portato alla luce ulteriori dettagli sui numerosi contatti della famiglia Kristol. Con l'ex Segretario di Stato Henry Kissinger nel loro consiglio di amministrazione, i Kristol gestiscono una società nota come National Affairs, Inc. che pubblica due libri, *The National Interest* e *The Public Interest*.

Gran parte dei finanziamenti della loro società provengono dalla Lynde and Harry Bradley Foundation, con la quale il giovane Kristol è stato precedentemente associato. In effetti, questa fondazione - come vedremo più avanti - è nota per il suo generoso finanziamento di cause di propaganda anti-araba e anti-islamica.

Mentre, come abbiamo visto, Irving Kristol è stato per lungo tempo uno dei protagonisti dell'influente "neo-conservatore" American Enterprise Institute, suo figlio William Kristol ha mantenuto almeno altri due importanti organismi di pubbliche relazioni:

1) Empower America, co-fondata da Kristol insieme a due ex membri del Congresso, Jack Kemp (R-N.Y.) e Vin Weber (R-Minn.), e all'ex Segretario all'Istruzione William Bennett - tre non ebrei, tra l'altro - tutti noti per la loro entusiastica, vocale e spesso esplicita devozione alla causa pro-Israele; e

2) l'impresa più recente di Kristol, il Project for the New American Century, un gruppo di pressione internazionalista che chiede l'esercizio del potere militare degli Stati Uniti all'estero,

in particolare con misure volte a promuovere gli interessi di Israele.

Appena una settimana dopo l'attacco terroristico dell'11 settembre agli Stati Uniti - in relazione alla campagna del vice segretario alla Difesa neoconservatore Paul Wolfowitz all'interno dell'amministrazione Bush per estendere la guerra al terrorismo agli sforzi per schiacciare gli Stati arabi e islamici percepiti da Israele come suoi nemici - William Kristol ha lanciato un appello a firmato da un gran numero di luminari della politica estera, facendo eco a Wolfowitz.

Queste personalità hanno a loro volta utilizzato i loro contatti nei circoli accademici, mediatici e politici per fare pressione sull'amministrazione Bush affinché adottasse le misure richieste da Wolfowitz.

IL GROVIGLIO DI RICHARD PERLE

Tra i collaboratori di Kristol che hanno firmato la lettera, il più influente è l'onnipresente Richard Perle, ex assistente del Segretario alla Difesa per la politica di sicurezza internazionale dell'era Reagan. In effetti, Perle potrebbe essere l'unica forza trainante di un gruppo molto unito (che include Wolfowitz) le cui origini nell'establishment moderno della sicurezza nazionale risalgono agli anni '70, quando Perle era uno dei principali assistenti del defunto senatore Henry M. Jackson (D-Wash.).

Perle e uno dei suoi più stretti collaboratori, Stephen J. Bryen, sono apparsi per la prima volta sulla scena di Washington come membri molto influenti dello staff del Senato degli Stati Uniti. Perle era uno dei principali assistenti del senatore Jackson, presidente della Commissione per i servizi armati del Senato. Bryen era l'assistente di punta del senatore Clifford Case (R.J.), il repubblicano democratico più importante della commissione per le relazioni estere del Senato.

Jackson e Case erano entrambi noti per essere ardenti difensori pubblici di Israele. Ma dietro le quinte, i loro due assistenti erano impegnati a fornire "servizi speciali" al piccolo ma potente Stato mediorientale.

Nel 1970, dopo che il Consiglio di Sicurezza Nazionale aveva ordinato l'intercettazione dell'ambasciata israeliana a Washington, si scoprì che Perle aveva passato informazioni riservate a un funzionario dell'ambasciata israeliana. Sebbene l'allora direttore della CIA Stansfield Turner avesse chiesto con rabbia a Jackson di licenziare Perle, quest'ultimo rifiutò, aggiungendo benzina al fuoco delle speculazioni di lunga data secondo cui la lobby israeliana aveva una "morsa" sul veterano legislatore.

Nel 1975, il giornalista ebreo americano Stephen Isaacs, scrivendo per il *Washington Post*, ha osservato nel suo libro "*Jews and American Politics*" che Perle - insieme a un altro importante membro del Congresso ebreo, Morris Amitay, che in seguito ha diretto l'American Israel Public Affairs Committee (AIPAC), una delle principali lobby per Israele - "comandava un piccolo esercito di semitofili a Capitol Hill e dirigeva il potere ebraico per conto degli interessi ebraici".[44]

LA VICENDA DELLA SQUADRA B

Ma l'influenza di Perle si estendeva ben oltre le aule del Congresso. Non solo era un personaggio chiave della lobby israeliana a Capitol Hill, ma a metà degli anni '70 ebbe anche un ruolo fondamentale nella selezione di un organismo ufficiale - ufficialmente noto come "Team B" - che fungeva da comitato

---

[44] Stephen D. Isaacs. *Jews and American Politics* (New York: Doubleday & Company, 1975), p. 254.

consultivo presumibilmente "indipendente" sulle stime dell'intelligence relative agli obiettivi e alle capacità sovietiche.

In effetti, i membri del Team B erano vincolati dalla loro determinazione a garantire che ogni aspetto della politica estera americana fosse orientato verso politiche vantaggiose per Israele.

Per capire cosa sta accadendo oggi nel nostro mondo come risultato del dominio dei neoconservatori dello Stato di Washington, è essenziale comprendere gli eventi geopolitici che circondano la storia del gruppo noto come "Squadra B".

Sebbene la Squadra B sia stata oggetto di dibattiti e discussioni ai più alti livelli, è stato solo quando il defunto Andrew St. George, un importante corrispondente internazionale, precedentemente associato alla rivista *Life*, ha iniziato a scrivere della sua storia nelle pagine di un settimanale nazionale anticonformista, *The Spotlight*, che la storia della Squadra B ha raggiunto un vasto pubblico.

La squadra B è emersa a metà degli anni '70, in un momento in cui le fazioni di falchi all'interno del governo israeliano esercitavano forti pressioni a Washington per ottenere più aiuti per le armi e più fondi dal programma di aiuti esteri degli Stati Uniti. Fedeli sostenitori di Israele, come il senatore Jackson, sostenevano che Israele avesse bisogno di una maggiore potenza militare per proteggere il Medio Oriente dall'"aggressione sovietica" - un argomento che entusiasmava gli anticomunisti della linea dura di entrambi i partiti politici. Israele stava giocando la "carta sovietica" fino in fondo.

Gli israeliani si opponevano strenuamente alla distensione perché temevano che la cooperazione tra Stati Uniti e Unione Sovietica avrebbe portato ad azioni congiunte delle due superpotenze che avrebbero potuto rivelarsi contrarie agli interessi israeliani.

Nel 1974, Albert Wohlstetter, professore dell'Università di Chicago, accusò la CIA di aver sistematicamente sottovalutato il dispiegamento di missili sovietici. Wohlstetter, noto architetto della strategia nucleare statunitense, era anche il mentore intellettuale di lunga data di Richard Perle.[45] In realtà, il rapporto era ancora più stretto: essendo cresciuto a Los Angeles, Perle era compagno di liceo della figlia di Wohlstetter.

Facendo molto affidamento sull'apertura di Wohlstetter, Perle e altri attivisti pro-Israele a Capitol Hill e nella Washington ufficiale cominciarono ad attaccare la CIA e a chiedere ulteriori indagini sull'analisi della CIA del potere sovietico. Perle utilizzò gli uffici del senatore Jackson - che era alla ricerca della candidatura del Partito Democratico per le elezioni presidenziali del 1976, finanziato principalmente da donatori ebrei americani - come "quartier generale" per l'attacco alla CIA.

Tuttavia, gli analisti dell'intelligence statunitense si sono fatti beffe delle grida allarmistiche di Israele. Guidati dagli analisti senior dell'Office of National Estimates, rassicurarono la Casa Bianca che, almeno per il momento, i sovietici non avevano né l'intenzione né la capacità di attaccare un obiettivo importante di interesse vitale per gli Stati Uniti, come gli Stati del Golfo ricchi di petrolio.

Tuttavia, gli alleati di Israele a Washington manovrarono per cercare di controbilanciare i risultati dell'Office of National Estimates. Sotto la pressione politica del senatore Jackson e di altri sostenitori di Israele, il presidente Gerald Ford accettò a metà del 1976 (quando George Bush era direttore della CIA) di istituire una cosiddetta "verifica" dei dati di intelligence forniti dagli agenti interni della CIA (presto noti come "A-Team") da parte di un comitato di esperti "indipendenti", noto come "B-Team".

Tuttavia, il gruppo di recente creazione e apparentemente "indipendente" - B-Team - guidato dal professore di Harvard

---

[45] Anne Hessing Cahn, *Bollettino degli scienziati atomici*. Aprile 1993. Online all'indirizzo: thebulletin.org/issues/1993/a93/a93Teamb.html.

Richard Pipes, un devoto alla causa sionista di origine russa, è diventato un avamposto dell'influenza israeliana.

(Anni dopo, il figlio di Pipes, Daniel Pipes, sarebbe diventato uno dei principali propagandisti anti-arabi e anti-musulmani della rete neoconservatrice, gestendo un think tank ben finanziato, il Middle East Institute, in stretta collaborazione con Perle. Nell'estate del 2003, il presidente George W. Bush ha nominato il giovane Pipes all'Istituto per la pace degli Stati Uniti, sponsorizzato a livello federale, nonostante le obiezioni di molti che vedevano in Pipes un bigotto fomentatore di odio con un'unica agenda politica). In ogni caso, Richard Perle è stato in gran parte responsabile per della selezione dei membri del Team B. Paul Wolfowitz si è unito alla squadra B su raccomandazione di Perle. Lo stesso vale per il diplomatico veterano Paul Nitze, tra gli altri membri di spicco della squadra selezionata.

Anne Hessing Cahn, che in seguito ha studiato l'affare del Team B, ha scritto che "c'era una vicinanza quasi incestuosa tra la maggior parte dei membri del Team B",[46], citando Perle che ha detto che "la connessione neoconservatrice ebraica è cresciuta in quel periodo di preoccupazione per la distensione e Israele".[47] Robert Bowie, ex vicedirettore della CIA per l'intelligence nazionale, ha descritto gli sforzi del Team B come "una lotta per l'anima del Partito Repubblicano, per ottenere il controllo della politica estera all'interno di un ramo del partito".[48]

Nel frattempo, John Paisley, recentemente ritiratosi dalla CIA, è stato nominato dal direttore della CIA Bush per fare da

---

[46] Anne Hessing Cahn. *Uccidere la distensione: The Right Attacks the CIA* (State College, Pennsylvania: Pennsylvania State University Press, 1998), p. 151.

[47] *Ibid.* p. 30.

[48] *Ibidem*, p. 187.

collegamento tra la "squadra A" interna della CIA e la "squadra B" influenzata da Israele.

Meade Rowington, ex analista del controspionaggio statunitense, citato da Andrew St. George in *The Spotlight* del 5 febbraio 1996, ha osservato: "Ben presto divenne chiaro a Paisley che questi intellettuali cosmopoliti stavano semplicemente cercando di screditare le raccomandazioni della CIA e di sostituirle con la visione allarmistica delle intenzioni sovietiche favorita dagli estimatori israeliani".[49]

All'inizio del 1978, il Team B aveva completato la revisione delle procedure e dei programmi della CIA e aveva pubblicato un lungo rapporto che criticava severamente quasi tutte le conclusioni che l'intelligence statunitense aveva tratto negli anni precedenti sulla potenza militare sovietica e sui suoi usi previsti.

Il rapporto del Team B, influenzato dagli israeliani, sosteneva che i sovietici stavano segretamente sviluppando la cosiddetta capacità di "first strike", perché la dottrina strategica sovietica presupponeva che un tale attacco furtivo li avrebbe resi vincitori in uno scambio nucleare con gli Stati Uniti. La squadra B ha respinto le stime degli analisti secondo cui è improbabile che Mosca lanci un conflitto nucleare se non viene attaccata. Alla fine, naturalmente, le conclusioni del Team B prevalsero e la conseguenza diretta fu una virtuale ripresa della corsa agli armamenti e un'ulteriore massiccia iniezione di aiuti militari e di altro tipo da parte degli Stati Uniti a Israele nel corso degli anni Ottanta.

Basato su quelle che i critici accusavano (e che poi si rivelarono) essere stime fraudolente fornite dall'intelligence israeliana, il rapporto della squadra B si basava sull'avvertimento che

---

[49] *The Spotlight*, 5 febbraio 1996.

l'Unione Sovietica stava rapidamente esaurendo le sue riserve di petrolio.

Di conseguenza, il Team B prevedeva che a partire dal 1980 la produzione sovietica di petrolio avrebbe subìto una grave carenza, costringendo Mosca a importare fino a 4,5 milioni di barili al giorno per soddisfare i suoi bisogni essenziali. Affamati di petrolio - secondo la disinformazione israeliana - i sovietici avrebbero invaso l'Iran o un altro Stato del Golfo ricco di petrolio, anche a costo di un confronto nucleare con gli Stati Uniti.

Sebbene il rapporto finale del team sia rimasto segreto e l'accesso ad esso sia stato limitato a pochi funzionari governativi, John Paisley pare sia entrato in possesso di una copia del rapporto nell'estate del 1978 e si sia messo a scrivere su una critica dettagliata volta a distruggere questa disinformazione israeliana. Ma Paisley fu assassinato prima di poter portare a termine il suo compito.

Secondo Richard Clement, che ha diretto il Comitato interagenzie per la lotta al terrorismo sotto l'amministrazione Reagan: gli israeliani non si sono fatti scrupoli a "chiudere" le attività di funzionari chiave dell'intelligence statunitense che minacciavano di rivelarle. Chi conosce il caso Paisley sa che è stato ucciso dal Mossad. Ma nessuno, nemmeno al Congresso, vuole alzarsi e dirlo pubblicamente".[50]

Le solide prove raccolte nel corso degli anni da vari ricercatori critici indipendenti all'interno e all'esterno del governo - molti dei quali ebrei, tra l'altro - indicano che i complottisti sionisti della Squadra B hanno effettivamente esagerato i progetti imperiali e la strategia militare sovietica, come hanno sostenuto Paisley e altri analisti imparziali.

---

[50] *Ibidem.*

LA SQUADRA B PRENDE IL COMANDO

In definitiva, l'esperimento dietro le quinte condotto dal Team B nei ranghi più alti della comunità dei servizi segreti statunitensi ha gettato le basi per la moderna rete "neo-conservatrice" che alla fine ha preso il controllo dell'amministrazione Bush dal 2001 in poi.

Nel suo erudito (anche se vagamente ammirato) studio sui neoconservatori - *The Rise of Neoconservatism: Intellectuals and Foreign Affairs* - John Ehrman riferisce che il ringiovanimento del gruppo "nastro blu" dell'epoca della Guerra Fredda, noto come Committee on the Present Danger, è stato una diretta conseguenza del processo del B team di, essenzialmente un approccio di pubbliche relazioni per diffondere le prospettive geopolitiche del B team.[51]

Il professor Benjamin Ginsberg osserva nella sua storia, *The Fatal Embrace: Jews & the State,* uno studio sul ruolo degli ebrei negli affari politici americani, che il diplomatico veterano Paul Nitze, noto come "Team B", e l'ex Sottosegretario di Stato Eugene Rostow furono tra i fondatori del nuovo comitato, insieme all'ex Segretario al Tesoro Charls Walker, che all'epoca svolgeva attività di lobbying per gli appaltatori della difesa, che contribuirono a finanziare il comitato. Il consigliere generale del comitato era Max Kampelman, una potente figura di Washington nota per essere una figura chiave nella lobby di Israele. Ginsberg ha descritto candidamente la natura dell'organizzazione:

> Il Comitato per il pericolo attuale era in realtà un'alleanza tra i guerrieri del freddo... che credevano nella necessità di contenere l'Unione Sovietica... l'industria della difesa... che

---

[51] John Ehrman. *The Rise of Neo-Conservatism: Intellectuals and Foreign Affairs,* (New Haven, Connecticut: University of Connecticut Press), 1995, p. 112.

aveva un ovvio interesse pecuniario nell'aumento della spesa per la difesa, e le forze pro-Israele che avevano visto gli alti livelli di spesa per la difesa e una politica estera statunitense interventista come essenziali per la sopravvivenza di Israele e che speravano di rendere il sostegno a Israele parte dello sforzo degli Stati Uniti per contenere l'Unione Sovietica.

Ciascuno di questi alleati aveva interesse ad affermare che l'espansione sovietica rappresentava un "pericolo chiaro e attuale" per gli Stati Uniti. Per i guerrieri del freddo, si trattava di un vangelo politico e di una via di ritorno al potere nella burocrazia. Per l'industria della difesa di, era la chiave per ottenere alti profitti. Per la lobby israeliana, l'opposizione all'URSS è stata una formula per giustificare l'espansione degli aiuti militari ed economici americani a Israele.[52]

Ginsberg ha sottolineato che durante la campagna elettorale del 1980, i membri della Commissione erano attivamente coinvolti negli sforzi di Ronald Reagan per le elezioni presidenziali e che, di conseguenza, la Commissione "divenne il veicolo attraverso il quale l'alleanza di guerrieri del freddo, appaltatori della difesa e gruppi pro-Israele entrò a far parte della coalizione di Reagan e ottenne l'accesso al governo".[53]

Alla fine, come nota lo storico americano Richard Gid Powers, Reagan portò nella sua amministrazione non meno di sessanta membri del Comitato, compresi i suoi fondatori, Paul Nitze e

---

[52] Ginsberg, p. 205.

[53] Ginsberg, p. 205.

Eugene Rostow, che furono collocati nelle posizioni più critiche per il controllo degli armamenti.[54]

Il New York Times si è spinto fino a sostenere che l'influenza del Comitato equivaleva a "un'acquisizione virtuale dell'apparato di sicurezza nazionale".[55]

Quando l'amministrazione Reagan entrò in carica, molte delle stesse personalità coinvolte nelle attività del Comitato per il pericolo attuale crearono un altro comitato di "nastro blu" le cui motivazioni erano parallele alle operazioni del Comitato per il pericolo attuale.

Conosciuto come Comitato per un Mondo Libero, questa nuova entità, fondata su da Midge Decter, moglie di un altro ex trotzkista diventato "neoconservatore", Norman Podhoretz, includeva tra i suoi membri personaggi del calibro di Elliott Abrams, Gertrude Himmelfarb (moglie di Irving Kristol e madre di William Kristol) e Michael Ledeen, tutti oggi parte della "rete Perle-Kristol". In particolare, Donald Rumsfeld, che attualmente sta portando avanti la guerra degli Stati Uniti contro l'Iraq come Segretario alla Difesa nell'amministrazione di George W. Bush, ha contribuito a raccogliere fondi per questo comitato.[56]

Come ha detto Anne Hessing Cahn, critica del B-team, "quando Ronald Reagan fu eletto, il B-team divenne, in sostanza, l'A-team".[57] E l'impatto delle false stime della squadra B continua a

---

[54] Richard Gid Powers. Not Without Honor: The History of American Anticommunism (New York: Free Press), 1995, p. 393.

[55] New York Times, 23 novembre 1981.

[56] John Ehrman, pp. 139-141.

[57] Anne Hessing Cahn in Bulletin of Atomic Scientists. Aprile 1993. In linea al seguente indirizzo: thebulletin.org/issues/1993/a93/a93Teamb.html.

influenzare l'America all'inizio del XXI secolo, non solo in termini di politica estera, ma anche di politica interna. La signora Cahn osserva

> Per oltre un terzo di secolo, la percezione della sicurezza nazionale americana è stata influenzata dall'idea che l'Unione Sovietica fosse sulla strada della superiorità militare rispetto agli Stati Uniti. Né il team B né le agenzie di intelligence multimiliardarie riuscivano a vedere che l'Unione Sovietica si stava dissolvendo dall'interno.

> Per oltre un terzo di secolo, le affermazioni sulla superiorità sovietica hanno spinto gli Stati Uniti a " riarmarsi". Negli anni '80, questo appello è stato ascoltato a tal punto che gli Stati Uniti si sono imbarcati in un programma di difesa da mille miliardi di dollari.

> Di conseguenza, il Paese ha trascurato le sue scuole, le sue città, le sue strade e ponti e il suo sistema sanitario. Da nazione creditrice per eccellenza, gli Stati Uniti sono diventati nazione debitrice per eccellenza, per pagare le armi necessarie a contrastare la minaccia di una nazione al collasso.[58]

Non c'è dubbio che l'istituzione del B team e il suo impatto sulla politica americana abbiano posto le basi per la futura ricerca del potere che ha portato i neoconservatori (formati da Richard Perle nell'ambito del B team) a prendere il controllo totale della politica dell'amministrazione di George W. Bush a partire dal 2001.

Durante gli anni dell'era Reagan e dell'ascesa del Team B, la nomina di Richard Perle ad Assistente Segretario alla Difesa per la Politica di Sicurezza Internazionale e il successivo reclutamento da parte di Perle del suo caro amico ed ex compagno

---

[58] *Ibidem.*

di Capitol Hill, Stephen J. Bryen, come suo vice, si rivelarono eventi cruciali che avrebbero avuto immense ramificazioni per il futuro.

E qui sta una storia a sé...

LO SCANDALO DELLO SPIONAGGIO DI PERLE-BRYEN

Sebbene Perle e Bryen abbiano acquisito un immenso potere come politici di alto livello nel sito dell'amministrazione Reagan, la loro ascesa è stata quasi interrotta da uno scandalo scoppiato appena due anni prima che Reagan fosse eletto presidente. È essenziale comprendere questo scandalo per capire fino a che punto la rete di Perle sia strettamente legata al governo di Israele.

Cominciamo col notare che, all'incirca all'epoca del complotto del B-Team (metà degli anni '70), Perle lasciò la squadra del senatore Jackson e si dedicò al commercio privato di armi, concludendo numerosi e lucrosi accordi tra il Pentagono e Soltam, una delle principali aziende israeliane di armi.

Nel frattempo, Stephen J. Bryen, collaboratore di Perle a Capitol Hill, era sotto sorveglianza dell'FBI fin dal 1977, quando fu sospettato di aver usato la sua posizione nello staff del Comitato per le Relazioni Estere del Senato per ottenere informazioni classificate dal Pentagono, in particolare su questioni militari arabe, che la Defense Intelligence Agency sospettava che Bryen passasse agli israeliani.

Poi, il 9 marzo 1978, Bryen fu ascoltato durante una conversazione privata a colazione con quattro funzionari dell'intelligence israeliana al Madison Hotel café di Washington. Dal contenuto della conversazione era chiaro che stava fornendo ai funzionari israeliani informazioni militari di alto livello.

Ciò che stupisce, tuttavia, è che Bryen (americano e dipendente del governo statunitense) sia stato ascoltato mentre si riferiva continuamente al governo statunitense chiamandolo "loro" e usando il pronome "noi" quando si riferiva alla sua posizione e a quella del governo israeliano. Bryen non sapeva che un americano di origine araba, attivo negli affari arabo-americani e nell'attività di lobbying sulle questioni del Medio Oriente, lo avrebbe riconosciuto (Bryen) e avrebbe capito la natura delicata della conversazione che Bryen stava avendo con i funzionari israeliani.

L'uomo d'affari arabo-americano Michael Saba segnalò la questione al Federal Bureau of Investigation. A tempo debito, si sviluppò una vera e propria indagine dell'FBI su Bryen, al punto che il Dipartimento di Giustizia (che supervisiona l'FBI) compilò un dossier di 632 pagine sulle attività di Bryen.

Il procuratore statunitense incaricato dell'indagine, Joel Lisker (americano di fede ebraica), ha raccomandato di accusare Bryen non solo del reato di essere stato un agente straniero non registrato per Israele, ma anche di aver commesso atti di spionaggio per conto di Israele.

Lo scandalo è finalmente scoppiato (in parte) nei media statunitensi, con il quotidiano liberale *The Nation* che ha affermato che Bryen aveva regolarmente preso ordini da Zvi Rafiah, un consigliere dell'ambasciata israeliana. In realtà, alla fine è emerso che Rafiah non era solo un consigliere dell'ambasciata. Era il capo della stazione americana della divisione servizi clandestini dell'agenzia di intelligence israeliana, il Mossad.

Nonostante tutto ciò, Bryen non fu accusato. Al contrario, gli fu chiesto di lasciare "silenziosamente" lo staff del Comitato per le relazioni estere del Senato, cosa che fece. Come si conviene, Bryen si trasferì presto a Washington, D.C., come pubblicista e lobbista per Israele, in qualità di direttore di un gruppo noto come Jewish Institute for National Security Affairs (JINSA).[59]

Alla fine, come abbiamo visto, quando il repubblicano Ronald Reagan fu eletto Presidente con il fermo sostegno della rete neoconservatrice ebraica, Perle e Bryen tornarono ai vertici dell'establishment politico del governo statunitense, nonostante lo scandalo.

Perle fu nominato Assistente del Segretario alla Difesa per la politica di sicurezza internazionale e presto assunse Bryen come vice per il commercio economico internazionale e la politica di sicurezza. Tuttavia, Perle divenne molto controverso a causa del suo coinvolgimento con gli interessi della difesa israeliana.

Il 17 aprile 1983, il *New York Times* pubblicò un importante articolo in cui si sottolineava l'esistenza di problemi etici legati al lavoro di Perle per la Zoltam, la principale azienda di difesa israeliana. Proprio quando Perle entrò a far parte del Ministero della Difesa, accettò un compenso di 50.000 dollari da Shlomo Zabludowitz, il fondatore di Zoltam, per il lavoro svolto per l'azienda. Poi, quasi un anno dopo, mentre era in servizio al Dipartimento della Difesa, sollecitò il Segretario dell'Esercito degli Stati Uniti a considerare la possibilità di fare affari con Zabludowitz. Sono stati sollevati dubbi sul fatto che ciò costituisse una violazione delle leggi statunitensi che regolano l'etica dei funzionari pubblici, ma Perle ha sostanzialmente evitato la censura.

Ironia della sorte, simili questioni etiche sono state sollevate sui rapporti d'affari privati di Perle nei giorni precedenti e immediatamente successivi al lancio della guerra degli Stati Uniti contro l'Iraq nel marzo 2003, circa 20 anni dopo. Tuttavia, né nel

---

[59] L'affare Bryen è descritto in dettaglio in *The Armageddon Network di* Michael Saba (Brattleboro, Vermont: Amana Books, 1977).

2003 (né prima) furono sollevati seri interrogativi in merito alle *accuse più infiammate* di possibile spionaggio da parte di Perle e del suo amico e collega Bryen per conto di Israele.

Comunque sia, Perle e Bryen divennero influenti durante l'amministrazione Reagan. Nel 1984, la rivista *Business Week* osservò a proposito di Perle: "Per far sì che le sue opinioni prevalgano, Perle ha costruito una potente rete di alleati nei retrobottega di Washington".[60] Nel 1986, *il Washington Post* citò un alto funzionario del Dipartimento di Stato americano affermando che Perle era "l'uomo più potente del Pentagono"[61] - persino più potente del suo vero superiore, Caspar Weinberger, allora Segretario alla Difesa.

Tuttavia, ciò non ha impedito a giornali indipendenti come *Spotlight*, il cui giornalista investigativo Andrew St. George è stato il primo a occuparsi del caso Bryen, di cercare di attirare l'attenzione dell'opinione pubblica su di esso, con l'aiuto dell'uomo d'affari arabo-americano Michael Saba, che aveva visto e sentito per primo la fuga di informazioni riservate di Bryen agli agenti israeliani.

Ciò non ha impedito a Saba e alle organizzazioni arabo-americane di continuare a premere per un'indagine completa sull'affare Bryen stesso e sulle torbide circostanze che hanno portato il Dipartimento di Giustizia a ritirare il caso contro Bryen. Nonostante Saba abbia pubblicato un libro dettagliato che descrive le attività di Perle e Bryen, intitolato *The Armageddon Network*, l'amministrazione Reagan (su pressione della lobby israeliana) si rifiutò di "andare a fondo" e di indagare sull'affare Bryen. Fermare lo spionaggio, mantenere un equilibrio nelle relazioni con Israele e i suoi vicini arabi ed evitare l'interferenza

---

[60] *Business Week*, 21 maggio 1984.

[61] The Washington Post Magazine, *13 aprile 1986.*

israeliana nella formulazione della politica statunitense sono tutti elementi cruciali per gli interessi americani in Medio Oriente. Il caso Bryen, che ha sollevato dubbi su tutti questi punti, deve essere chiarito".[62] Negli ultimi anni, il sito *americano Free Press*, con sede a Washington, è stato praticamente l'unica pubblicazione importante a parlare del caso Bryen.

ISRAELE E LA MAPPA DELLA CINA

Perle e Bryen rimasero quindi influenti - e sfrenati - durante i loro anni al Ministero della Difesa sotto il repubblicano Ronald Reagan. Tuttavia, è interessante notare che in questo periodo, nonostante il loro "anticomunismo" percepito come duro, Perle e Bryen sono emersi come i due principali promotori delle lucrose (ma in gran parte non riconosciute) esportazioni di armi di Israele verso la Cina comunista.

Il 25 gennaio 1985, il *Washington Times*, molto filo-israeliano, riportava che "Perle, il funzionario dell'amministrazione [Reagan] più responsabile del tentativo di negare la tecnologia americana per le armi ai Paesi comunisti [del blocco sovietico], si dice sia favorevole al collegamento di Israele con la Cina. Anche Stephen Bryen sarebbe favorevole a questo traffico...".

Per molti conservatori americani, tradizionalmente anticomunisti, ciò era significativo, soprattutto alla luce della reputazione di Perle come "anticomunista". Tuttavia, il 21 maggio 1984, la rivista *Business Week* riportò che un assistente del Congresso aveva detto di Perle: "Non è un anticomunista virulento; è un antisovietico virulento".

All'epoca, i critici di Perle trovarono un senso in questo commento, notando che effettivamente molti "neoconservatori"

---

[62] "I segreti americani e gli israeliani". Editoriale *del Boston Globe*. 28 agosto 1986.

erano in realtà dei trotzkisti apparentemente "riformati" e che, forse, la guerra dei "neoconservatori" contro l'Unione Sovietica era poco più che la continuazione di una battaglia ideologica iniziata tra Josef Stalin e il suo principale rivale, Leon Trotsky, e che continuò a infuriare tra i loro sostenitori anche dopo la scomparsa di Stalin e Trotsky.

Forse non è una coincidenza che l'ex vicepresidente repubblicano Nelson Rockefeller abbia fatto scalpore definendo Pearl "comunista".[63] Come hanno notato i cinici, sebbene Rockefeller si sia scusato, il miliardario schietto e ben informato potrebbe aver saputo qualcosa che la maggior parte delle persone non sapeva.

JINSA: LA MACCHINA DA GUERRA NEOCONSERVATRICE

Negli anni successivi, mentre Perle e Bryen continuavano a essere attivi negli ambienti pro-Israele a Washington, il loro potere e la loro influenza sono stati evidenziati dal *Wall Street Journal* in un articolo intitolato "Roles of Ex-Pentagon Officials at Jewish Group Show Clout of Cold-Warrior, Pro- Israel Network". L'articolo descrive quella che il *Journal* definisce una "piccola e ristretta cerchia [che] illustra una rete duratura di conservatori della Guerra Fredda e di interessi pro-Israele a Washington". Sebbene la Guerra Fredda sia finita, il *Journal* osserva che "i loro legami politici e governativi sono una fonte di influenza per le forze pro-Israele".[64]

L'articolo riportava le attività del gruppo noto come Istituto Ebraico per gli Affari di Sicurezza Nazionale (o JINSA), che

---

[63] *New York Times*, 3 maggio 1986.

[64] Tutti i commenti citati sono tratti dal *Wall Street Journal* del 22 gennaio 1992.

Stephen Bryen, associato a Perle, aveva fondato poco prima di servire sotto Perle nell'amministrazione Reagan (durante la pausa governativa di Bryen, il JINSA era gestito dalla moglie di Bryen, Shoshana). Descrivendo l'influenza della JINSA, il *Journal* ha affermato che:

> Senza grandi clamori, la stessa JINSA si è ritagliata una nicchia coltivando legami militari più stretti tra Stati Uniti e Israele ed esortando gli ebrei americani a votare per una difesa forte in patria. Assicurarsi il sostegno del Pentagono è una priorità assoluta. Nell'ambito del programma "Send a General to Israel", centinaia di migliaia di dollari di contributi deducibili dalle tasse finanziano un tour annuale in Israele di generali e ammiragli statunitensi in pensione. Essi scambiano opinioni con i funzionari israeliani e visitano aree strategiche come le alture del Golan.[65]

Non è un caso che la JINSA sia oggi (come abbiamo visto sopra) uno dei principali attori dei circoli "neo-conservatori" che governano la politica dell'amministrazione Bush. Non solo il Vicepresidente Dick Cheney, ma anche il Vice Segretario alla Difesa Douglas Feith erano associati - come abbiamo visto - alla JINSA prima di entrare in carica.

La nostra discussione sui primi anni del movimento neo-conservatore si conclude quindi con gli eventi tra l'11 settembre 2001 e l'inizio della guerra contro l'Iraq.

Insieme al suo amico di lunga data Paul Wolfowitz, che lavora all'interno dell'amministrazione Bush per promuovere una guerra totale contro i nemici percepiti da Israele, Perle si è unito a William Kristol per formare ciò che equivale a una versione di

---

[65] *Ibidem.*

seconda generazione del "Team B" di, che non è altro che un "partito della guerra".

All'indomani degli attentati dell'11 settembre, Perle e Kristol hanno redatto una lettera al Presidente che fa eco all'appello di Wolfowitz per una guerra totale contro l'Iraq, l'Iran e la Siria, per non parlare degli Hezbollah palestinesi. Per completare il loro sforzo, chiesero a un gran numero di operatori "neo-conservatori" - così come a una manciata di "liberali" - di unirsi a loro per firmare la lettera.

IL PARTITO DELLA GUERRA - ALCUNI NOMI

Sebbene l'elenco dei firmatari sia bipartisan e comprenda un certo numero di persone identificate con la filosofia "liberale", l'unico filo conduttore è che, francamente, mentre la maggior parte delle persone presenti nell'elenco sono ebree, quelle che non lo sono sono state a lungo membri entusiasti di quello che il tradizionale conservatore americano e critico neo-conservatore Pat Buchanan ha definito "l'angolo dell'amen di Israele" nella Washington ufficiale.

Allo stesso modo, tutti i firmatari hanno legami stretti e di lunga data con la rete della famiglia Kristol e con i loro alleati nella sfera d'influenza che circonda Richard Perle fin dai tempi della vecchia "squadra B" negli anni Settanta.

Sono, in effetti, il "partito della guerra". Quello che segue è un "who's who" virtuale del partito della guerra imperiale.

Gary Bauer. Un altro satellite di lunga data di Irving Kristol e di suo figlio William (con cui condivideva l'interesse per un condominio per le vacanze), Bauer è stato un fervente e incrollabile sostenitore di Israele all'interno del movimento della "destra cristiana" americana, attraverso la sua guida del Family Research Council.

William J. Bennett. L'intera carriera di Bennett nella Washington ufficiale si è svolta sotto il patrocinio della famiglia

Kristol, dalla sua posizione di presidente del National Endowment for the Humanities a quella di segretario all'Istruzione sotto il presidente Ronald Reagan e di "zar della droga" sotto il presidente George H. W. Bush. Bennett è co-direttore di un "think tank" sponsorizzato da Kristol, noto come Empower America e fondato nel 1991. In cambio della sponsorizzazione di Irving Kristol, Bennett ha dato a William Kristol il suo primo incarico governativo di alto livello, nominandolo capo dello staff del Dipartimento dell'Istruzione degli Stati Uniti.

Eliot Cohen. Direttore del Centro per l'educazione strategica della Nitze School of Advanced International Studies (SAIS) - di cui l'ex vicesegretario alla Difesa Paul Wolfowitz è stato decano prima di tornare al Ministero della Difesa - Cohen è autore di un nuovo libro dedicato alla "rivoluzione della sicurezza di Israele".

Midge Decter. Moglie di Norman Podhoretz, membro del Council on Foreign Relations [vedi sotto] e personalità mediatica di alto profilo, la signora Decter è la madre di John Podhoretz, che è stato vicedirettore del *Weekly Standard*, di cui William Kristol è direttore ed editore.

Thomas Donnelly. Vicedirettore del Project for the New American Century di William Kristol ed ex redattore di *The National Interest*, rivista "neoconservatrice" fondata dal padre di Kristol, Irving Kristol, Donnelly è un esperto corrispondente militare che si è formato al SAIS della Johns Hopkins University, di cui Paul Wolfowitz era preside, prima di tornare al Dipartimento della Difesa (come abbiamo visto in precedenza).

Hillel Fradkin. Sionista dichiarato, resident fellow presso l'American Enterprise Institute e professore aggiunto di governo alla Georgetown University, Fradkin è il direttore a Washington dello Shalem Center, con sede in Israele, che si definisce "istituto di ricerca per il pensiero sociale ebraico e israeliano". Fradkin è stato anche vicepresidente della Lynde and Harry Bradley Foundation, una fondazione "conservatrice" che ha finanziato con milioni di dollari una miriade di gruppi e progetti pro Israele (e anti-arabi e anti-islamici). Naturalmente, non è una coincidenza che William Kristol sia stato associato a questa fondazione in passato e continui a svolgere un ruolo importante nel dirigere i suoi affari.

Frank Gaffney. Uno dei principali attori della sfera Perle-Kristol, Gaffney è il direttore "falco" del Center for Security Policy, un think-tank di Washington noto per quello che è stato descritto come il suo sostegno alle "cause israeliane di estrema destra" e che conta Richard Perle nel suo consiglio di amministrazione. Lo stesso Gaffney ha lavorato a fianco di Perle nello staff del senatore Henry M. Jackson, quando Perle era attivamente coinvolto nella costruzione della "squadra B" e agiva come una risorsa incombente per Israele. Il consiglio di amministrazione di Gaffney comprende anche l'ex direttore dell'American-Israel Public Affairs Committee Morris Amitay e l'ex Segretario della Marina John Lehman [vedi sotto]. Il CSP di Gaffney è finanziato dalla Fondazione Irving I. Moskowitz. La Fondazione Moskowitz, che ha sostenuto acquisizioni immobiliari in Israele associate al Primo Ministro israeliano Ariel Sharon, e la già citata Fondazione Lynde e Harry Bradley, influenzata da Kristol. Gaffney è specializzato nella formazione di tirocinanti filo-israeliani per posizioni decisionali di governo e nella diffusione di propaganda filo-israeliana negli ambienti repubblicani e "conservatori". Gaffney è un editorialista molto citato che scrive per il neo-conservatore *Washington Times.*

Reuel Marc Gerecht. Ex specialista del Medio Oriente nella Direzione delle operazioni nere della CIA, Gerecht scrive per pubblicazioni associate a Kristol, come *The Weekly Standard.* È il pupillo di Richard Perle.

Michael Joyce. Poco noto al grande pubblico, Joyce, un altro protetto di Irving Kristol, è un ex insegnante che è salito al potere grazie al suo coinvolgimento con una serie di ricche fondazioni note per il loro sostegno a cause israeliane pro, tra cui la Olin Foundation - finanziata da interessi nel settore chimico e delle munizioni - che ha sostenuto la propaganda anti-islamica dello scrittore Steven Emerson (un'autorità ampiamente citata sul "terrorismo islamico") e la Lynde and Harry Bradley Foundation (già citata), di cui Joyce è stato direttore per molti anni. La Fondazione Bradley è stata una delle principali fonti di finanziamento per National Affairs, Inc, la società associata alla famiglia Kristol che pubblica le riviste *The National Interest* e *The Public Interest.*

Donald Kagan. Storico ampiamente pubblicato, interessato alla storia della guerra e sostenitore, come William Kristol, di una flessione del potere militare americano nel mondo, Kagan è professore di Storia e Classici all'Università di Yale.

Robert Kagan. Figlio del già citato Donald Kagan, è direttore del Project for the New American Century di William Kristol, senior associate al Carnegie Endowment for International Peace, redattore del *Weekly Standard* di Kristol e autore di una rubrica mensile regolare per il *Washington Post,* dove difende costantemente una linea filo-israeliana e sostiene l'interferenza degli Stati Uniti all'estero. (Anche il fratello di Robert Kagan, Frederick Kagan, è diventato una figura di spicco della rete di potere neoconservatrice).

Charles Krauthammer. Famoso conduttore televisivo ed editorialista di quotidiani nazionali, Krauthammer, che si è formato come psichiatra, sembra ossessionato dal dedicare ogni ora di veglia a scrivere e parlare della necessità che gli Stati Uniti dedichino le loro energie a preservare Israele e a distruggere i nemici di Israele. Il suo veleno per i critici di Israele è forse senza pari.

John Lehman. Ex consigliere del Consiglio di Sicurezza Nazionale (NSC) di Henry Kissinger, allora Segretario di Stato, Lehman è poi diventato Segretario della Marina sotto l'amministrazione Reagan e vicedirettore dell'Agenzia statunitense per il controllo degli armamenti e il disarmo, dove era strettamente legato ai circoli filo-israeliani di Paul Wolfowitz e Richard Perle. La giornalista britannica Claudia Wright osserva che prima di diventare Segretario della Marina, Lehman "era ben noto negli ambienti militari israeliani, sedeva nel consiglio di amministrazione di un think tank di Filadelfia gestito da sostenitori americani di Israele e gestiva una società di consulenza per la difesa altamente redditizia con legami commerciali con l'industria israeliana delle armi". Insieme a Perle e ad altri compari della famiglia Kristol citati in precedenza, Lehman fa parte del consiglio di amministrazione del Center for Security Policy [cfr. Frank Gaffney, sopra].

Martin Peretz. Il direttore decisamente filo-israeliano del quotidiano "liberale" *New Republic* ha dichiarato nell'edizione del 24 settembre della sua rivista che, dopo gli attacchi terroristici dell'11 settembre, "ora siamo tutti israeliani". Alleato dei neoconservatori, Peretz è da tempo considerato una figura chiave di una rete di editori e personalità mediatiche di alto profilo che hanno un solo obiettivo in mente: promuovere la causa di Israele.

Norman Podhoretz. Membro del Council on Foreign Relations e figura chiave dell'influente sezione newyorkese dell'American Jewish Committee e della sua rivista *Commentary*, "liberal trasformata in conservatrice", Podhoretz è un altro "ex trotzkista" che si è affermato come uno dei principali neo-conservatori pro-Israele, in associazione con Irving Kristol. Suo figlio, John Podhoretz, è stato collega di William Kristol come vice direttore del *Weekly Standard*, finanziato da Rupert Murdoch.

Stephen J. Solarz. Ex membro di lunga data della Camera dei Rappresentanti, dove ha svolto un ruolo importante nella difesa degli interessi di Israele a livello legislativo, Solarz è oggi un consulente internazionale molto influente. Mentre era al Congresso, Solarz ha svolto un ruolo importante (insieme a Paul Wolfowitz, allora parte dell'amministrazione Reagan) nel rovesciamento dell'ex presidente filippino Ferdinand Marcos, quando il leader asiatico tentò di affermare la sovranità del suo Paese.

Vin Weber. Ex membro della Camera dei Rappresentanti, dove è stato un forte sostenitore (non ebreo) di Israele, Weber ha co-fondato Empower America di William Kristol e, durante la campagna presidenziale del 2000, è stato uno dei principali consiglieri del senatore John McCain (R-Ariz.). Mentre era alla Camera dei Rappresentanti, Weber ha contribuito a sabotare uno sforzo per costringere il Congresso a indagare sull'attacco terroristico israeliano del 1967 alla *U.S.S. Liberty,* che causò l'uccisione di 34 marinai americani e la mutilazione di altri 172. Weber è anche membro del Council on Foreign Relations.

Marshall Wittmann. Pur essendo ebreo, Wittman era il direttore degli affari legislativi della Coalizione cristiana pro-Israele. Il sostegno di Wittmann al "conservatorismo della grandezza nazionale" - cioè l'interferenza degli Stati Uniti all'estero e l'uso del potere militare americano a favore di Israele - è stato promosso sulle pagine del *Weekly Standard* di William Kristol.

Sebbene questa sia un'istantanea rappresentativa di molte delle persone che fanno parte della rete Perle-Kristol, non è assolutamente completa. Ma illustra il sorprendente potere e l'influenza che Kristol e i suoi associati - i sommi sacerdoti della guerra - hanno messo insieme.

La rivista di Kristol, *The Weekly Standard,* è la voce mediatica ufficialmente riconosciuta per questa combinazione, tanto che, sebbene la sua tiratura effettiva sia piuttosto ridotta, la rivista di Kristol è generalmente riconosciuta dalla maggior parte degli altri grandi media come una delle pubblicazioni più influenti d'America, nessuna esclusa.

LA GUERRA DI KRISTOL

Non era quindi così straordinario che il 17 marzo 2003, il giorno prima che gli Stati Uniti lanciassero la guerra contro l'Iraq, Kristol potesse vantarsi in un editoriale firmato del *Weekly Standard* che "siamo ovviamente lieti che la strategia per l'Iraq che abbiamo a lungo sostenuto... sia diventata la politica del governo degli Stati Uniti".[66]

Un giorno dopo, il 18 marzo, all'inizio della guerra, *il Washington Post* ricordava ai suoi lettori l'influenza di Kristol, notando che l'editorialista *del Post* Richard Cohen aveva dichiarato che l'imminente conflitto era "la guerra di Kristol". *Il Post* scrisse di Kristol che, con le forze statunitensi in procinto di bombardare Baghdad, "sembrerebbe essere il momento di Kristol".[67]

Per il popolo iracheno assediato e per i soldati americani e britannici che sono morti per perseguire gli obiettivi di guerra dei neoconservatori - e per il contribuente americano, che deve pagare i conti - questo non era il loro momento, anche se Kristol e compagnia hanno gioito.

ABBANDONO DELLA POLITICA AMERICANA TRADIZIONALE

Abbiamo visto come questa nuova forma di "imperialismo conservatore", che affonda le sue radici nei ranghi di un'élite di "ex" trotzkisti di sinistra - trasformati in "neoconservatori" repubblicani - abbia preso le redini del potere ai massimi livelli dell'amministrazione del presidente George W. Bush. Questo imperialismo conservatore è alla base dell'attuale guerra contro l'Iraq e delle future guerre imperiali statunitensi in Medio Oriente e altrove.

Sono questi neoconservatori a sostenere una forma moderna di imperialismo - il concetto di interventismo e di interferenza degli Stati Uniti all'estero. L'attuale guerra contro l'Iraq è il culmine di

---

[66] *The Weekly Standard*, 17 marzo 2003.

[67] "Bill Kristol, Keeping Iraq in the Cross Hairs", *Washington Post*. 18 marzo 2003.

un desiderio di lunga data da parte dei neoconservatori, che vedono la guerra come la prima fase di un piano a lungo termine non solo per "rifare il mondo arabo", ma anche per rendere gli Stati Uniti l'unica potenza mondiale, con una forza militare ed economica incontrastata.

Questa filosofia politica - il "neoconservatorismo" - ha praticamente riscritto, se non soppiantato, la tradizionale visione "conservatrice" esemplificata dai nazionalisti repubblicani come il defunto senatore Robert A. Taft, figura di spicco della politica americana della metà del XX secolo. Taft e altri come lui non credevano che fosse dovere dell'America svolgere il ruolo di "poliziotto mondiale". Taft e i suoi colleghi ritenevano che il primo dovere dell'America fosse quello di servire i bisogni del proprio popolo e di non interferire negli affari delle altre nazioni.

Il *Washington Post, forse il* giornale più potente degli Stati Uniti, molto "liberale" e di orientamento democratico, non ha mai gradito le posizioni conservatrici "America First" di Taft e dei suoi eredi politici.

Tuttavia, nell'ultimo decennio, quando la cosiddetta componente "neoconservatrice" ha iniziato a infiltrarsi e a prendere il controllo del movimento conservatore americano e dei ranghi superiori del Partito Repubblicano, sostenendo sempre più una visione del mondo aggressiva e internazionalista, il *Post* ha iniziato a fungere da portavoce dei "neoconservatori".

Il 21 agosto 2001, il *Post* ha pubblicato un articolo intitolato "Empire or Not? Un tranquillo dibattito sul ruolo degli Stati Uniti", che faceva parte di una serie di articoli occasionali dedicati alle "idee della destra". L'articolo - che era chiaramente una buona trovata pubblicitaria per i "neo-cons" - si apre con un commento:

> Chi si riferisce agli Stati Uniti come "imperialisti" di solito lo fa come un insulto. Ma negli ultimi anni, un manipolo di intellettuali conservatori ha iniziato a sostenere che gli Stati

Uniti agiscono effettivamente in modo imperialista e dovrebbero assumere questo ruolo.[68]

Secondo il *Post*, l'idea di imporre una nuova "Pax Americana" fa parte di una "vigorosa ed espansionistica politica estera reaganiana" che rende gli Stati Uniti, nelle parole del *Post*, "un impero della democrazia o della libertà". In questa nuova forma di imperialismo, gli Stati Uniti non conquistano terre o stabiliscono colonie come i vecchi imperi britannico e romano, ma "hanno una presenza globale dominante dal punto di vista militare, economico e culturale".[69]

Il *Post* ha notato, ad esempio, che uno dei principali sostenitori di questo nuovo imperialismo è Thomas Donnelly, vice direttore esecutivo del Project for the New American Century, il think tank di Washington fondato da William Kristol.

LA PRIMA OFFENSIVA IMPERIALE FALLISCE

Ironia della sorte, durante la precedente amministrazione di George H. W. Bush - il padre dell'attuale Presidente degli Stati Uniti - le forze neoconservatrici più dure tentarono e fallirono nell'articolare le stesse politiche di potere imperiale che il giovane Bush sta perseguendo oggi.

Dopo che il primo presidente Bush decise di ritirarsi dall'Iraq durante la prima guerra nel Golfo Persico, l'allora segretario alla Difesa, Dick Cheney (ora vicepresidente), fece circolare una bozza di documento, preparata sotto la direzione del neoconservatore Paul Wolfowitz, che sosteneva l'unilateralismo

---

[68] *Washington Post*, 21 agosto 2001.

[69] Tutte le citazioni: *Ibid.*

globale degli Stati Uniti, abbandonando le tradizionali alleanze americane.

Tra le altre cose, la proposta suggeriva che gli Stati Uniti avrebbero dovuto prendere in considerazione una forza preventiva dello stesso tipo che alla fine è stata usata contro l'Iraq nel 2003. Tuttavia, quando il documento fu divulgato alla stampa, il Presidente Bush, secondo le parole dello scrittore americano Michael Lind, "prese rapidamente le distanze [e la sua amministrazione] dal radicalismo del rapporto Cheney-Wolfowitz".[70]

Non sorprende che Cheney fosse così innamorato della posizione neo-conservatrice. Per diversi anni, Cheney è stato associato alla lobby israeliana legata a Richard Perle, nota come Jewish Institute for National Security Affairs (JINSA), fondata dall'amico di lunga data di Perle, Stephen Bryen, che era stato indagato per spionaggio a favore di Israele. (Solo con l'avvento della seconda amministrazione Bush - sotto George W. Bush - i conservatori neo- hanno finalmente avuto la meglio e la loro spinta verso una politica imperiale, incentrata sulla proposta di aggressione all'Iraq, è stata finalmente coronata dal successo.

Infatti, quando nel marzo 2003 è scoppiata la guerra degli Stati Uniti contro l'Iraq, il "tranquillo" dibattito sull'imperialismo descritto dal *Washington Post* non era più tranquillo.

Il leader del dibattito a favore dell'imperialismo americano era William Kristol, con alleati nell'amministrazione Bush come Paul Wolfowitz, ora numero due del Dipartimento della Difesa, il suo vice, Douglas Feith, e altri, tutti attivamente sostenuti da

---

[70] *Michael Lind.* Made in Texas: George W. Bush and the Southern Takeover of American Politics *(New York: Basic Books, 2003), pag. 131.*

Richard Perle, allora insediato come presidente del Defence Policy Board dell'amministrazione Bush.

Così, una volta che la guerra contro l'Iraq era ormai avviata, il concetto di "impero americano" è diventato oggetto di dibattito pubblico nei media d'élite americani e in molte riviste intellettuali. Come ha sottolineato Jeet Heer sul *Boston Globe* il 23 marzo 2003, pochi giorni dopo il primo assalto degli Stati Uniti all'Iraq, "il concetto di impero americano è stato ampiamente dibattuto nei media d'élite americani e in molte riviste intellettuali

> Dopo gli attentati dell'11 settembre, molti esperti di politica estera, soprattutto della destra repubblicana, ma anche alcuni internazionalisti liberali, hanno riesaminato l'idea di impero.

> L'America è la potenza imperiale più magnanima che esista", ha dichiarato Dinesh D'Souza nel 2002 su *The Christian Science Monitor*. L'Afghanistan e altri Paesi in difficoltà ora chiedono a gran voce il tipo di amministrazione estera illuminata che un tempo era fornita da inglesi sicuri di sé in jodhpurs e cappelli rigidi", ha affermato Max Boot in un articolo del 2001 su *The Weekly Standard* intitolato "The Case for American Empire".

> Sul *Wall Street Journal*, lo storico Paul Johnson ha sostenuto che la "risposta al terrorismo" è il "colonialismo". L'editorialista Mark Steyn del *Chicago Sun-Times* ha sostenuto che "l'imperialismo è la risposta".

> La gente sta uscendo dall'armadio per quanto riguarda la parola 'impero'", ha osservato l'editorialista *del Washington Post* Charles Krauthammer. "Il fatto è che nessun Paese è stato così dominante culturalmente,

economicamente, tecnologicamente e militarmente nella storia del mondo dai tempi dell'Impero Romano.[71]

In effetti, tutti gli autori citati - D'Souza, Boot, Johnson, Steyn e Krauthammer - fanno parte dell'energica cricca di analisti dei media che promuovono la visione del mondo neo-conservatrice.

OPPOSIZIONE DEGLI STATI UNITI ALL'IMPERIALISMO NEOCONSERVATORE

Tuttavia, permane l'opposizione alla filosofia imperiale della rete "neo-conservatrice".

Forse il più noto critico dei neoconservatori è l'editorialista Pat Buchanan, che ha innalzato la bandiera del nazionalismo americano (in opposizione all'internazionalismo e all'imperialismo) nella sua campagna presidenziale del 2000 con il partito della Riforma. Buchanan, repubblicano da sempre, si è unito al Reform Party dopo aver capito che i suoi sforzi per ripristinare il nazionalismo tradizionale all'interno del Partito Repubblicano non stavano andando a buon fine. Il libro di Buchanan, *A Republic, Not an Empire (Una Repubblica, non un Impero)*, è stato un appello all'opposizione popolare alla spinta verso una "Pax Americana".

Così, dopo che il desiderio di guerra contro l'Iraq si è affermato nei circoli politici ufficiali dell'amministrazione Bush, Buchanan ha offerto le pagine della sua nuova rivista *American Conservative* per denunciare i pericoli del nuovo imperialismo sostenuto dalla rete dei "neoconservatori".

Un particolare articolo della rivista di Buchanan, scritto da Andrew Bacevich, colonnello dell'esercito americano in pensione e professore di relazioni internazionali all'Università di Boston, è

---

[71] *The Boston Globe*, 23 marzo 2003.

probabilmente una delle migliori e più succinte analisi specifiche di ciò che costituisce il nuovo imperialismo americano:

> Alla fine di settembre [2002], la Casa Bianca ha pubblicato *la strategia di sicurezza nazionale* dell'amministrazione Bush, che si è persa nelle accese discussioni sul cambio di regime a Baghdad.
>
> L'USNSS di Bush è la dichiarazione più completa, ad oggi, delle ambizioni globali dell'America dopo la Guerra Fredda. In esso, l'amministrazione esprime chiaramente la sua intenzione di perpetuare la supremazia militare americana e la sua volontà - che rasenta l'impazienza - di usare la forza per rimodellare l'ordine internazionale.
>
> Questa nuova strategia colloca il confronto con Saddam Hussein in un contesto molto più ampio, dimostrando che il rovesciamento del dittatore iracheno è solo la fase successiva di un progetto di vasta portata, perseguito con il pretesto della "guerra al terrorismo", ma che in ultima analisi mira a rifare il mondo a nostra immagine e somiglianza.
>
> Da qui il secondo tema principale della nuova strategia di sicurezza nazionale degli Stati Uniti, ovvero il riconoscimento e l'approvazione della crescente militarizzazione della politica estera statunitense.
>
> Per dirla senza mezzi termini, l'amministrazione Bush non considera più la forza come l'ultima risorsa; piuttosto, vede il potere militare come lo strumento più efficace dell'amministrazione americana, l'area in cui gli Stati Uniti hanno il massimo vantaggio.
>
> Basandosi sul principio che "la nostra migliore difesa è un buon attacco", l'USNSS descrive come il Presidente Bush intende sfruttare al massimo questo vantaggio.

Ciò avverrà in due modi. In primo luogo, svilupperà le capacità di proiezione di potenza globale degli Stati Uniti. Gli Stati Uniti, che già spendono per la difesa quanto il resto del mondo messo insieme, spenderanno ancora di più, molto, molto di più.

Lo scopo di questo aumento non è quello di rispondere a una minaccia imminente. L'amministrazione Bush sta aumentando il budget del Pentagono per raggiungere un margine di superiorità senza precedenti e senza rivali, in modo che nessun potenziale avversario possa pensare di lanciare una sfida in futuro. In questo modo, gli Stati Uniti si assicureranno lo status di unica superpotenza in perpetuo. Le vecchie preoccupazioni sulle "volontà opposte degli Stati potenti" scompariranno; d'ora in poi sarà un'unica potenza a dettare il tono.

In secondo luogo, con l'USNSS che codifica il concetto di "autodifesa anticipata", il Presidente Bush rivendica per gli Stati Uniti la prerogativa di usare la forza in modo preventivo e unilaterale, a seconda dei propri interessi (questa prerogativa appartiene esclusivamente agli Stati Uniti: la strategia di Bush mette espressamente in guardia le altre nazioni dall'"usare la prelazione come pretesto per l'aggressione"). A differenza delle avventure militari reattive e poco incisive del suo predecessore, Bush impiegherà la potenza militare statunitense in modo proattivo e su scala sufficiente per ottenere risultati rapidi e decisivi. La prospettiva di un sempre maggiore attivismo militare degli Stati Uniti - contro i terroristi, contro gli Stati canaglia, contro i criminali di ogni genere - è spaventosa.

In nessun punto la strategia di sicurezza nazionale dell'amministrazione Bush si sofferma sulla questione se le risorse della nazione siano adeguate alla "grande missione" a cui il destino ha apparentemente chiamato gli Stati Uniti. Asserendo che l'egemonia globale degli Stati Uniti è necessariamente benigna e che si può contare su

Washington per fare un uso giudizioso della dottrina di Bush della prelazione, non considera in alcun modo la possibilità che altri possano avere un'opinione opposta.

In realtà, a prescindere dalla loro affiliazione partitica o dalla loro disposizione ideologica, i membri della cosiddetta élite della politica estera non riescono a concepire un'alternativa alla "leadership mondiale", l'eufemismo preferito per indicare l'impero globale.[72]

Pur essendo un "conservatore" tradizionale - in contrapposizione al punto di vista "neoconservatore" - Bacevich non è l'unico a esprimere queste preoccupazioni su. Infatti, anche scrittori americani liberali hanno espresso timori simili riguardo alla nuova spinta a creare un impero americano.

Nel giornale progressista *Mother Jones*, lo scrittore Todd Gitlin ha ripreso gran parte delle parole di Bacevich. Gitlin ha anche fatto riferimento al nuovo documento politico dell'amministrazione Bush e ha detto

Il documento non è tanto destinato a essere letto quanto a essere brandito. È un internazionalismo di tipo imperiale, come Roma, quando Roma regnava. La sua portata è mozzafiato. Roma non poteva raggiungere certe parti del mondo, ma la Dottrina Bush non conosce limiti.

Saprà quando le minacce emergeranno, in parte già formate, e non dovrà dire come lo sa, né essere convincente su ciò che sa. La dottrina afferma tutte le comodità e non riconosce nessuno dei pericoli dell'impero.

Ignora i costi del dispiegamento illimitato e della guerra. Non riconosce il pericolo che le spacconate avventate

---

[72] "La grande strategia di Bush", Andrew J. Bacevich, *American Conservative*, 4 novembre 2002.

aiutino a reclutare terroristi. Dimentica che tutti gli imperi cadono: costano troppo, creano troppi nemici, ispirano imperi opposti. I nuovi imperialisti pensano di essere diversi. Tutti gli imperi sono diversi.[73]

Gitlin ha concluso (giustamente) che il governo degli Stati Uniti "è votato all'impero e lo ha detto nero su bianco".[74]

IL SOSTEGNO SIONISTA AMERICANO ALL'IMPERIALISMO

Nonostante queste critiche, interessi molto potenti nell'arena politica americana hanno accolto con favore il nuovo imperialismo perseguito dall'amministrazione Bush. Questo sostegno è illustrato da un notevole saggio di Norman Podhoretz nel numero di settembre 2002 della rivista *Commentary*, l'influente rivista neoconservatrice pubblicata dall'influente sezione newyorkese di, l'American Jewish Committee, una delle principali organizzazioni sioniste sul territorio americano.

Come abbiamo visto, Podhoretz è stato uno dei "padri fondatori" della rete neoconservatrice che alla fine ha assunto il potere supremo nei consigli direttivi dell'amministrazione Bush. Protégé precoce del padre di William Kristol, Irving Kristol, il "padrino" dei neoconservatori, Podhoretz rimane oggi una figura molto rispettata del movimento neoconservatore.

La valutazione di Podhoretz sulle nuove politiche è quindi particolarmente interessante, soprattutto perché Podhoretz ammette prontamente che l'obiettivo finale della politica di Bush,

---

[73] "L'età dell'impero americano", Todd Gitlin. *Mother Jones*, gennaio/febbraio. 2003.

[74] Gitlin, *Ibid*.

se portata a termine, sarebbe la sottomissione del Medio Oriente arabo come lo conosciamo oggi.

Nel suo saggio, Podhoretz afferma, un po' misticamente, che dopo la tragedia terroristica dell'11 settembre che ha scosso l'America, "una specie di rivelazione, che bruciava di un fuoco molto diverso dal suo, ha illuminato i recessi della mente, del cuore e dell'anima di Bush".

Vale a dire", aggiunge Podhoretz, "che George W. Bush, che non sapeva perché era stato scelto per diventare Presidente degli Stati Uniti, ora *sapeva* che il Dio al quale, come cristiano nato e credente, si era impegnato, lo aveva posto nello Studio Ovale per uno scopo specifico. Lo aveva messo lì per fare la guerra contro il male del terrorismo".[75]

Podhoretz sembra quindi suggerire che Bush sia stato spinto sulla strada dell'imperialismo e della guerra contro il mondo arabo dalle sue idee cristiane fondamentaliste (e Podhoretz ha probabilmente ragione!). (Podhoretz ha poi commentato che il primo grande discorso di Bush del 20 settembre, dopo gli attacchi terroristici, "potrebbe essere stato il più grande discorso presidenziale del nostro tempo", aggiungendo con enfasi che Bush stava di fatto abbandonando persino le opinioni di suo padre.

È stato qui, ha detto Podhoretz, che è stata annunciata al mondo la conversione di Bush da un "realista" convenzionale, come suo padre, a un "idealista" democratico, come Reagan.[76]

---

[75] "Elogio della dottrina Bush", Norman Podhoretz, *Commentary*, settembre 2002.

[76] *Ibidem.*

Dichiarando il suo sostegno alla nuova agenda di Bush, Podhoretz ha salutato le conseguenze ultime di questa politica, così come Podhoretz e i suoi colleghi neo-conservatori la vedono:

I regimi che meritano di essere rovesciati e sostituiti non si limitano ai tre membri dell'asse del male [cioè Iraq, Iran e Corea del Nord].

Come minimo, l'asse dovrebbe estendersi alla Siria, al Libano e alla Libia, nonché agli "amici" dell'America come la famiglia reale saudita e Hosni Mubarak in Egitto, e all'Autorità Palestinese, sia essa guidata da Arafat o da uno dei suoi scagnozzi.

Non si può negare che l'alternativa a questi regimi potrebbe facilmente rivelarsi peggiore, anche (o soprattutto) se salisse al potere attraverso elezioni democratiche. Dopotutto, secondo i nostri standard, un numero molto elevato di persone nel mondo musulmano simpatizza con Osama bin Laden e voterebbe per candidati islamici radicali della sua stessa razza se ne avesse la possibilità.

Scartare questa possibilità sarebbe il massimo dell'ingenuità. Tuttavia, esiste una politica che può evitarla, a condizione che gli Stati Uniti abbiano la volontà di condurre la quarta guerra mondiale - quella contro l'Islam militante - e che poi abbiano il coraggio di imporre una nuova cultura politica alle parti sconfitte.

Questo è ciò che abbiamo fatto direttamente e senza esitazione in Germania e in Giappone dopo aver vinto la Seconda guerra mondiale... Una canzone divenne popolare in America durante la Seconda guerra mondiale: "L'abbiamo già fatto e possiamo farlo di nuovo". Quello che sto cercando di dire agli scettici e ai disfattisti di oggi è che sì, l'abbiamo fatto prima e sì, possiamo farlo di nuovo.[77]

Ovviamente si tratta di parole e ipotesi aggressive e bellicose. Ma il fatto è che queste parole rappresentano un punto di vista che ha raggiunto un'influenza suprema ai livelli più alti dell'amministrazione che governa la nazione più potente del pianeta.

I MILITARI SI SCONTRANO CON I NEOCONSERVATORI

Tuttavia, i vertici militari statunitensi non erano d'accordo con i neoconservatori sul fatto che un'invasione dell'Iraq avrebbe portato a una rivolta di massa del popolo iracheno contro Saddam (in alleanza con le forze statunitensi) o che il resto del mondo arabo si sarebbe seduto e sarebbe stato soddisfatto. Anche l'esercito americano non voleva entrare in guerra. I leader militari non vedevano la necessità che gli Stati Uniti entrassero in conflitto con l'Iraq, ritenendo che tale guerra fosse contraria agli interessi nazionali americani.

L'idea che i leader militari americani fossero in qualche modo favorevoli alla guerra contro l'Iraq era un mito ampiamente propagato dalla rete di propaganda neo-conservatrice filo-israeliana della Washington ufficiale, con il sostegno attivo degli elementi filo-israeliani nei media americani.

All'indomani degli attentati terroristici dell'11 settembre 2001, i titoli dei media e i discorsi delle reti radiotelevisive degli Stati Uniti ripetevano in continuazione che il "Pentagono" si stava preparando a un'invasione dell'Iraq guidata dagli Stati Uniti, nonostante non ci fosse alcuna prova concreta di un'istigazione o di un coinvolgimento iracheno negli attentati (e nessuna prova di

---

[77] *Ibidem.*

questo tipo è emersa fino ad oggi). (In ogni caso, nella mente dell'americano medio, l'idea che la guerra fosse promossa dal "Pentagono" evocava immagini popolari di generali e ammiragli adorati, eroici, combattenti e medagliati, desiderosi di "prendere Saddam".

C'era solo un grande problema con le informazioni diffuse dai media americani. La verità è che i militari di carriera del Pentagono non pensavano che un'invasione dell'Iraq fosse possibile o necessaria. La vedevano come un potenziale disastro per gli Stati Uniti, che avrebbero potuto schierarsi (da soli con Israele) contro l'intero mondo arabo e musulmano. In realtà, è stato proprio a causa dell'opposizione dei militari alla guerra contro l'Iraq che la rete neoconservatrice filo-israeliana ha iniziato, ai più alti livelli dell'amministrazione Bush, a preparare subdolamente il terreno per l'estromissione dei leader militari statunitensi che si opponevano al coinvolgimento degli Stati Uniti in una guerra contro l'Iraq. Questo fatto poco notato è stato insabbiato in un lungo rapporto pubblicato dal *Washington Post* il 1° agosto 2002. Secondo l'autore del *Post*, Thomas E. Ricks:

> In una riunione del 10 luglio del Defense Policy Board, un gruppo consultivo del Pentagono, uno degli argomenti discussi è stato come superare la riluttanza dei militari a pianificare un attacco all'Iraq in modo innovativo.
>
> "Si è discusso del problema dei servizi", ha dichiarato un esperto di difesa che ha partecipato all'incontro. La sua conclusione: "È necessario far rotolare alcune teste, soprattutto nell'esercito".[78]

Non è un caso che il Defence Policy Board (DPB) sia dietro a un piano per "battere le teste" all'interno dell'esercito.

---

[78] *The Washington Post*, 1 agosto 2002.

Sebbene apparentemente "indipendente", il PBO era dominato all'epoca (e lo è tuttora) da Richard Perle che, pur non avendo mai prestato servizio nelle forze armate statunitensi, ha fatto una fortuna nella vendita di armi per il complesso militare-industriale israeliano e ha trascorso anni a promuovere gli impegni militari statunitensi per difendere gli interessi di Israele.

Per quanto riguarda l'attuale conflitto tra i neoconservatori civili filo-israeliani e i leader militari, il 28 luglio 2002 il *Post* ha dichiarato categoricamente che :

> Nonostante le ripetute dichiarazioni bellicose del Presidente Bush sull'Iraq, molti alti funzionari militari statunitensi sostengono che il Presidente Saddam Hussein non rappresenti una minaccia immediata e che gli Stati Uniti dovrebbero continuare la loro politica di contenimento piuttosto che invadere l'Iraq per forzare un cambio di leadership a Baghdad.

> Il sostegno dei militari al contenimento e la preoccupazione per le possibili conseguenze negative di un attacco all'Iraq sono condivisi da alti funzionari del Dipartimento di Stato e della CIA, secondo quanto riferito da persone che hanno familiarità con le discussioni tra le agenzie.[79]

Tuttavia, il *Post* ha sottolineato che "alti civili alla Casa Bianca e al Pentagono sono fortemente in disaccordo": "Alti civili alla Casa Bianca e al Pentagono sono fortemente in disaccordo". Questi "alti" civili non nominati erano falchi di guerra neo-conservatori come Perle e il suo collaboratore di lunga data e più stretto alleato nell'amministrazione Bush, il vice segretario alla Difesa Paul Wolfowitz e il suo luogotenente, Douglas Feith.

---

[79] *The Washington Post*, 28 luglio 2002.

Il Washington Post ha anche riferito che mentre "il personale militare in servizio attivo non ha messo pubblicamente in discussione l'orientamento della politica irachena di Bush [in] privato, alcuni hanno seri dubbi al riguardo". Il *Post* ha aggiunto

> Gli ufficiali in pensione e gli esperti, che rimangono in contatto con i vertici dell'esercito e sono liberi di dire ciò che i militari in servizio attivo non possono, sono più apertamente a favore della politica di contenimento e mettono in dubbio l'apparente determinazione dell'amministrazione ad abbandonarla.[80]

Il Segretario di Stato Colin Powell, che ha partecipato a due missioni di combattimento in Vietnam, si è inizialmente allineato con i vertici dell'esercito nell'opporsi alla guerra in Iraq. Anche il generale Tommy Franks, che alla fine ha guidato la guerra degli Stati Uniti contro l'Iraq, si è opposto alla guerra.

Persino il numero di giugno 2002 del *Washington Monthly* - *una* rivista liberale eminentemente "mainstream" - ha pubblicato una storia di copertina sul gruppo "Get Iraq", riconoscendo francamente di chi si tratta: la maggior parte delle persone in questione, ha ammesso la rivista, sono "ebree, appassionatamente pro-Israele e pro-Likud".[81] La rivista osserva che i "falchi" neo-conservatori sono "uniti da un'idea comune: l'America non deve avere paura di usare il suo potere militare presto e spesso per promuovere i suoi interessi e valori".[82]

Tuttavia, come sostiene il *Washington Monthly*, questa filosofia della sciabolata "è un'idea che fa infuriare la maggior parte dei membri dell'establishment della sicurezza nazionale al

---

[80] *Ibidem.*

[81] Washington Monthly, *giugno 2002.*

[82] *Ibidem.*

Pentagono, al Dipartimento di Stato e alla CIA, che credono che la forza militare americana debba essere usata raramente e solo come ultima risorsa, preferibilmente di concerto con gli alleati".[83]

Tuttavia, questa minoranza aggressiva e bellicosa di spadaccini è salita ai vertici del potere all'interno della Washington ufficiale e sta facendo sentire la sua influenza.

In effetti, con l'intensificarsi dell'impulso alla guerra, la "guardia di palazzo" filo-israeliana guidata da Paul Wolfowitz e dal segretario alla Difesa Donald Rumsfeld ha tentato di rimodellare il Pentagono, opponendosi agli alti funzionari militari statunitensi che si opponevano alla conduzione di inutili guerre imperiali in tutto il mondo che non avevano nulla a che fare con la difesa dell'America.

Sebbene molti americani credessero che l'amministrazione Bush e il segretario alla Difesa Donald Rumsfeld fossero fortemente sostenuti dai leader militari statunitensi, la verità era ben diversa.

Sebbene Bush sia entrato in carica con il sostegno entusiasta delle famiglie dei militari statunitensi, la verità è che i capi militari in servizio attivo al Pentagono erano molto scontenti di Rumsfeld e dei suoi collaboratori neo-conservatori come Wolfowitz.

Un profilo rivelatore di Rumsfeld, pubblicato dal *Washington Post* il 16 ottobre 2002, ha messo a nudo alcuni dettagli poco noti sugli sforzi di Rumsfeld e della sua "guardia di palazzo" filo-israeliana per prendere il controllo del Pentagono. Descrivendo il Pentagono come "pieno di tensioni", il *Post* affermava senza mezzi termini che:

> Molti alti ufficiali dello Stato Maggiore Congiunto e di tutte le branche dell'esercito descrivono Rumsfeld come spesso

---

[83] *Ibidem.*

abusivo e indeciso, che si fida solo di una ristretta cerchia di stretti consiglieri, apparentemente desideroso di schiaffeggiare ufficiali con decenni di buon e leale servizio.

L'insoddisfazione è tale che i tre segretari dei servizi [esercito, marina e aeronautica] sarebbero profondamente frustrati dalla mancanza di autonomia e starebbero pensando di lasciare l'incarico entro la fine dell'anno.

Secondo gli addetti ai lavori del Pentagono, tutti e tre sono limitati nelle loro azioni da Rumsfeld e dalla sua cosiddetta "guardia di palazzo".[84]

Anche se il *Post* non fa nomi, l'identità della "guardia di palazzo" non è un mistero. Un consulente della difesa ha dichiarato al *Post* che "la profondità della disaffezione è davvero impressionante", aggiungendo che, a suo avviso, "Rumsfeld sta corteggiando una ribellione". Il *Post* ha affermato che Rumsfeld e i suoi collaboratori avevano "nel mirino" i 1.200 membri dello Stato Maggiore.[85]

Rumsfeld e Wolfowitz stavano cercando di limitare la capacità degli alti funzionari militari statunitensi di parlare al Congresso, alle agenzie governative e ai media, privando lo Stato Maggiore Congiunto dei suoi uffici di collegamento legislativo, di consulenza legale e di affari pubblici, che in passato, secondo il *Post*, "hanno dato ai funzionari militari un certo grado di autonomia fornendo canali diretti di accesso al Congresso, ad altre parti del governo e ai media".[86]

---

[84] The Washington Post, *16 ottobre 2002.*

[85] Tutte le citazioni, *Ibid.*

[86] *Ibidem.*

In realtà, ciò che la cricca neoconservatrice di Rumsfeld stava cercando di fare era isolare i vertici militari statunitensi dall'opinione pubblica americana, nella consapevolezza che se un maggior numero di persone avesse saputo che i militari si opponevano alla guerra contro l'Iraq, l'opinione pubblica - allo stesso modo - avrebbe molto probabilmente condiviso tale opinione, fidandosi convenzionalmente del giudizio dei militari.

Alla fine, come sappiamo, i "neo-conservatori" hanno prevalso e gli avvertimenti dei militari sono stati ignorati e messi da parte, con grande dispiacere dei militari stessi. *Gli eventi in Iraq hanno poi confermato i timori dei militari.*

IL LIKUD DELL'AMERICA: I NEO-CONSERVATORI

Ciò che rimane la forza guida della filosofia "neo-conservatrice" che sostiene questo sogno di imperialismo americano è forse la questione più "controversa" in America oggi: il ruolo del sionismo israeliano di stampo Likud nel plasmare le politiche dei "neo-cons" che dirigono la politica dell'amministrazione Bush.

Per capire il corso degli affari mondiali oggi, è essenziale riconoscere che i politici neo-conservatori che guidano il motore del potere a Washington sono in effetti in gran parte ebrei e, inoltre, impegnati nel sionismo "di destra".

L'autore Michael Lind, un duro critico dei principi neo-conservatori, riassume i "tre pilastri" della dottrina globalista che si sta perseguendo

> "L'unilateralismo americano, la guerra preventiva e l'allineamento della politica estera americana con quella del leader israeliano di destra Ariel Sharon. Ognuno di questi elementi della grande strategia di George W. Bush ha

rappresentato una rottura radicale con la precedente politica estera americana".[87]

In particolare, uno scrittore ebreo americano ha riassunto i sogni sionisti che guidano la politica di Bush, in particolare per quanto riguarda l'Iraq, per la rivista *Time*, una pubblicazione controllata da interessi finanziari ebraici che gravitano attorno alla potente famiglia di Edgar Bronfman, da tempo a capo del World Jewish Congress. In un saggio intitolato "How Israel is Wrapped Up in Iraq", l'editorialista *del Time* Joe Klein scrive candidamente

> Un Israele più forte è parte integrante della giustificazione della guerra contro l'Iraq. È parte dell'argomento che non osa pronunciare il suo nome, una fantasia tranquillamente intrattenuta dalla fazione neo-conservatrice dell'amministrazione Bush e da molti leader della comunità ebraica americana.

> La fantasia si basa sulla teoria del domino. La distruzione dell'Iraq di Saddam non solo eliminerà un nemico di lunga data, ma cambierà anche l'equazione di potere fondamentale nella regione. Invierà un messaggio alla Siria e all'Iran sui pericoli del sostegno ai terroristi islamici.

> Invierà anche un messaggio ai palestinesi: Democratizzare e fare la pace alle condizioni di Israele, o dimenticare l'idea di uno Stato proprio. Nello scenario più sfrenato, ciò porterebbe al crollo della monarchia hashemita in Giordania e alla creazione di uno Stato palestinese sulla sponda orientale del Paese.

> Nessuno al governo dice mai queste cose pubblicamente (anche se alcuni leader ebrei americani lo fanno). Di solito,

---

[87] *Michael Lind.* Made in Texas: George W. Bush and the Southern Takeover of American Politics *(New York: Basic Books, 2003), pagg. 133-134.*

il sogno è espresso nei termini più blandi possibili: "Spero che la rimozione di Saddam rafforzi i nostri alleati democratici nella regione", mi ha detto la settimana scorsa il senatore Joe Lieberman.[88]

Il fatto che la guerra contro l'Iraq e la politica generale che la guida siano basate sulla filosofia degli elementi di destra del Likud in Israele e dei loro alleati neo-conservatori in America, alla guida dell'amministrazione Bush, sta diventando un argomento di discussione aperto.

Allo stesso tempo, i neoconservatori guerrafondai hanno iniziato a creare un cuneo tra gli Stati Uniti e i loro alleati europei.

I NEOCONSERVATORI ATTACCANO I CRITICI EUROPEI

I leader del movimento "neo-conservatore" filo-israeliano negli Stati Uniti hanno iniziato (e continuano) una campagna implacabile e senza mezzi termini per promuovere l'"antieuropeismo" tra gli americani.

Tuttavia, pochi americani probabilmente comprendono le forze geopolitiche che stanno dietro a questa campagna.

Questo "antieuropeismo" è emerso proprio nel momento in cui i governi europei e un gran numero di cittadini europei rifiutavano a gran voce l'appello dell'asse USA/Israele/Bretagna alla guerra contro l'Iraq e si interrogavano sulle brutali politiche di Israele nei confronti dei palestinesi. I neoconservatori erano inorriditi da questa situazione.

La campagna antieuropea dei neoconservatori ha raggiunto un livello tale che persino il numero del 13 febbraio 2003 della *New*

---

[88] time.com, 5 febbraio 2003.

York Review of Books, un importante organo "liberale" noto per le sue simpatie verso Israele, ha pubblicato un articolo dettagliato che descrive l'attacco dei neoconservatori ai critici europei di Israele.

In un articolo intitolato "Anti-Europeismo in America", l'autore Timothy Garton Ash ha compilato una lista crescente di scrittori neo-conservatori che hanno puntato le armi contro l'Europa. In cima alla lista c'è Richard Perle, che sostiene che l'Europa ha perso la sua "bussola morale".

Nel caso in cui qualcuno non capisca il motivo di questa nuova antipatia verso l'Europa da parte dei neoconservatori, l'articolo di Ash ne spiega il succo: "Il Medio Oriente è sia una fonte che un catalizzatore di ciò che minaccia di diventare una spirale discendente di crescente antiamericanismo europeo e di nascente antieuropeismo americano, uno che rafforza l'altro".[89]

In altre parole, molto semplicemente: Israele e la sua potente lobby americana sono al centro - anzi, la causa - del conflitto, anche se Ash non la mette proprio così. Ash ha scritto:

> L'antisemitismo in Europa e il suo presunto legame con le critiche europee al governo Sharon sono stati oggetto dei più acidi commenti antieuropei da parte di editorialisti e politici americani conservatori.
>
> Alcuni di questi critici non solo sono fortemente filo-israeliani, ma anche "likudisti naturali", ha spiegato un commentatore ebreo liberale...

---

[89] New York Review of Books, *13 febbraio 2003*

In un recente articolo, Stanley Hoffman scrive che essi sembrano credere in una "identità di interessi tra lo Stato ebraico e gli Stati Uniti".[90]

Quasi naturalmente, uno dei collaboratori di Richard Perle e William Kristol nella nuova campagna "antieuropea", Robert Kagan, si è unito al coro per promuovere l'antieuropeismo tra i lettori del *Washington Post*, l'influente quotidiano pubblicato nella capitale. La rubrica d'opinione di Kagan del 31 gennaio 2003 era un vero e proprio manuale per la crociata neo-conservatrice "Odio l'Europa". Kagan ha scritto

A Londra... si possono trovare le più grandi menti britanniche che propagano, in un linguaggio sofisticato e con un melodioso accento di Oxford, teorie cospirative... sul dirottamento della politica estera americana da parte dei "neo-conservatori" (leggi: ebrei)... A Parigi si parla di petrolio e di "imperialismo" (e di ebrei). A Madrid si parla di petrolio, imperialismo e del passato sostegno americano a Franco (e agli ebrei).

In una conferenza a cui ho partecipato di recente a Barcellona, uno stimato intellettuale spagnolo ha chiesto perché, se gli Stati Uniti vogliono rovesciare dittature feroci che producono armi di distruzione di massa, non invadono anche Israele.

Sì, lo so, ci sono anche americani che si pongono questo tipo di domande... Ma ecco cosa gli americani devono capire : in Europa, questo antiamericanismo paranoico e cospiratorio non è un fenomeno di estrema sinistra o di estrema destra. È un fenomeno mainstream.[91]

---

[90] *Ibidem.*

[91] *Washington Post*, 13 gennaio 2003.

È così che i tradizionali alleati europei dell'America si sono alleati contro gli Stati Uniti e i dittatori politici neo-conservatori che stavano guidando un nuovo imperialismo. Una formula che, secondo molti critici americani dei neoconservatori, alla fine si sarebbe rivelata disastrosa, non solo per l'America ma per il mondo intero.

L'ALLEANZA TRA BUSH E SHARON

Quindi, sebbene la politica tradizionale degli Stati Uniti sia stata buttata fuori dalla porta - con la costernazione di molti articolati critici della filosofia neoconservatrice - c'è ancora un altro fattore che riguarda la base della visione neoconservatrice che deve essere considerato: l'impatto che ne deriva sull'aspetto specifico della "relazione speciale" degli Stati Uniti con Israele.

Sebbene i governi americani, democratici o repubblicani, siano sempre stati molto favorevoli a Israele, e questo non è un segreto, il fatto è che l'ascesa dei neo-conservatori nell'amministrazione Bush ha portato a una fusione virtuale della politica estera americana con la visione di Ariel Sharon e di Israele da parte della dura "destra" del Likud.

In un articolo pubblicato sul *Washington Post* il 9 febbraio 2003, Robert G. Kaiser ha definito i parametri dell'alleanza indissolubile dell'amministrazione Bush con la "destra" israeliana. L'articolo di Kaiser, intitolato "Bush e Sharon quasi identici sulla politica del Medio Oriente", affermava senza mezzi termini il potere dei "neocons" nel plasmare l'approccio dell'amministrazione a Israele e al mondo arabo. L'articolo diceva, in parte

> Per la prima volta, un'amministrazione americana e un governo del Likud in Israele stanno perseguendo politiche quasi identiche. Le precedenti amministrazioni statunitensi, da Jimmy Carter a Bill Clinton, hanno tenuto il Likud e Sharon a distanza, allontanando gli Stati Uniti dall'approccio tradizionalmente duro del Likud nei

confronti dei palestinesi. Ma oggi... Israele e gli Stati Uniti condividono una visione comune del terrorismo, della pace con i palestinesi, della guerra contro l'Iraq e così via.

L'allineamento dell'amministrazione Bush con Sharon piace a molti dei suoi più ferventi sostenitori, in particolare ai cristiani evangelici, e a gran parte dell'ebraismo organizzato americano, secondo i leader di questi due gruppi, che sostengono che il terrorismo palestinese abbia spinto Bush ad adottare la sua nuova posizione.

"I Likudniks sono davvero al comando ora", ha dichiarato un alto funzionario del governo, usando un termine yiddish per indicare i sostenitori del partito politico di Sharon.

Alcuni specialisti del Medio Oriente che non sono d'accordo con questi sostenitori di Israele li definiscono una "cabala", secondo le parole di un ex funzionario pubblico. I membri del gruppo non nascondono le loro amicizie e relazioni, né la loro fedeltà a posizioni forti a favore di Israele e del Likud.

Richard Perle, presidente del Defense Policy Board del Pentagono, è stato a capo di un gruppo di studio che ha proposto a Binyamin Netanyahu, primo ministro israeliano del Likud dal 1996 al 1999, di abbandonare gli accordi di pace di Oslo negoziati nel 1993 e di rifiutarne il fondamento, ossia l'idea di scambiare "terra in cambio di pace". Il rapporto del 1996 suggeriva che Israele avrebbe dovuto insistere sul riconoscimento arabo della sua rivendicazione della terra biblica di Israele e "concentrarsi sulla rimozione di Saddam Hussein dal potere in Iraq".

Oltre a Perle, il gruppo di studio comprendeva David Wurmser, ora assistente speciale del Sottosegretario di Stato John R. Bolton, e Douglas J. Feith, ora Sottosegretario alla Difesa per la politica. Feith ha scritto a lungo sulle questioni arabo-israeliane, sostenendo che Israele rivendica legittimamente i territori della Cisgiordania conquistati dopo la Guerra dei Sei Giorni, così come le terre che facevano parte dello Stato di Israele creato nel 1948 sotto gli auspici delle Nazioni Unite.

Un dibattito interno ha diviso l'amministrazione e ha stimolato le pressioni di think tank, organizzazioni ebraiche, cristiani evangelici e altri soggetti interessati al Medio Oriente...

Negli ultimi dodici anni, i sostenitori del partito Likud di Sharon sono saliti a posizioni di rilievo nella maggior parte delle organizzazioni ebraiche americane che forniscono sostegno finanziario e politico a Israele.[92]

Poco dopo, sul *Washington Times* - il "rivale" neoconservatore del più "liberale" *Washington Post* - il noto giornalista Arnaud de Borchgrave ha ripreso le opinioni di Kaiser e ha approfondito il tema della nuova alleanza tra i regimi di Bush e Sharon. In un articolo intitolato "Una dottrina Bush-Sharon", de Borchgrave scrive, in parte

Gli obiettivi strategici degli Stati Uniti e di Israele in Medio Oriente si sono gradualmente fusi in una coerente dottrina Bush-Sharon. Ma questo si perde nell'assordante cacofonia di teste parlanti che giocano a fare i generali da poltrona nella prossima guerra per cambiare i regimi di Baghdad.

Sharon ha fornito le munizioni geopolitiche convincendo Bush che la guerra contro il terrorismo palestinese era identica alla guerra globale contro il terrorismo. A ciò è seguita una campagna per convincere l'opinione pubblica americana che Saddam Hussein e Osama Bin Laden erano alleati nella loro guerra contro l'America. Un presunto incontro segreto a Praga, nell'aprile 2001, tra Mohamed

---

[92] *The Washington Post*, 9 febbraio 2003.

Atta - il principale attentatore suicida dell'11 settembre - e un agente dei servizi segreti iracheni ha dato il via alla campagna. Da allora, le storie sul legame tra Saddam e Al Qaeda sono diventate una vera e propria industria.

Bin Laden sperava chiaramente di utilizzare l'invasione americana di un Paese musulmano per reclutare altre migliaia di persone alla sua causa. Ma il legame tra Saddam e Bin Laden era solo il primo passo della dottrina Bush-Sharon. L'obiettivo strategico è l'antitesi della stabilità in Medio Oriente.

La destabilizzazione dei "regimi dispotici" viene dopo. Nel gioco del bowling arabo, una palla puntata su Saddam è destinata a produrre un colpo da 10 che destabilizzerebbe i regimi autoritari e/o dispotici di Iran, Siria, Arabia Saudita e degli altri emirati e sceicchi del Golfo.

La strategia globale ha origine in un documento pubblicato nel 1996 dall'Institute for Advanced Strategic and Political Studies, un think tank israeliano. Il documento si intitolava "A Clean Break: A New Strategy for Securing the Realm" ed era concepito come un piano politico per il nuovo governo di Benjamin Netanyahu, un super-speranzoso nella voliera politica israeliana.

Secondo il documento del 1996, Israele avrebbe dovuto "plasmare il suo ambiente strategico", iniziando con la rimozione di Saddam Hussein e la restaurazione della monarchia hashemita a Baghdad. La monarchia irachena fu rovesciata da un colpo di Stato militare nel 1958, quando il giovane re Faisal, cugino del defunto re Hussein di Giordania, fu assassinato.

La roadmap strategica - che è stata seguita fedelmente fino ad oggi da Netanyahu e dal suo successore Sharon - chiedeva l'abbandono degli accordi di Oslo "in base ai quali Israele non ha alcun obbligo se l'OLP non adempie ai suoi obblighi". Yasser Arafat ha commesso un errore obbligando Israele.

"La nostra rivendicazione della terra - alla quale ci siamo aggrappati per 2.000 anni - è legittima e nobile", continua il documento. Solo l'accettazione incondizionata da parte degli arabi dei nostri diritti, in particolare nella loro dimensione territoriale, costituisce una solida base per il futuro".[93]

Ciò che è notevole è che la "roadmap strategica" di Israele citata da de Borchgrave (e citata anche da Kaiser) non era solo il prodotto di un'istituzione israeliana. Gli autori, come sottolinea Kaiser, erano americani, ovvero Richard Perle, Douglas Feith, John R. Bolton e David Wurmser, tutti politici "neo-conservatori" chiave dell'amministrazione Bush.

OPINIONE IN ISRAELE...

Se tutto ciò può essere stato una "rivelazione" per i lettori *del Washington Post* e del *Washington Times - che* in genere variano solo per il loro grado di asservimento alle richieste politiche della lobby israeliana a Washington - non è stata una sorpresa per il popolo di Israele.

Due (dei tanti) resoconti della stampa israeliana sui commenti dei leader israeliani dimostrano che le motivazioni dei politici "neo-conservatori" erano effettivamente parte di un grande disegno molto in sintonia con il blocco fanatico del Likud di Israele:

... Nei territori [occupati], nel mondo arabo e in Israele, il sostegno di Bush a Sharon è attribuito alla lobby pro-Israele, cioè al denaro ebraico e alla destra "cristiana".

---

[93] *Washington Times*, 14 febbraio 2003.

-Lo scrittore israeliano Akiva Eldar, *Ha'aretz*, 26 aprile 2002.

"Sharon sta lottando per mostrare i risultati ottenuti durante i suoi 20 mesi al potere... un attacco americano all'Iraq è visto come la leva che può tirare Israele fuori dal suo pantano economico, di sicurezza e sociale....."

-Corrispondente israeliano Aluf Benn, *Ha'aretz*, 18 novembre 2002

Nonostante ciò, l'unico giornale americano indipendente che ha sempre osato criticare i "neo-cons" e la lobby di Israele e interessarsi alle loro attività - *American Free Press* - è stato forse meno cauto dei "grandi nomi" delle pubblicazioni d'élite come *il Washington Post* e il *Washington Times* quando ha riassunto la nuova alleanza dell'amministrazione Bush con il regime di Sharon.

LA POLITICA DI BUSH - "GRANDE ISRAELE

Molto prima che i principali quotidiani di Washington strombazzassero l'alleanza Bush-Sharon, la *Free Press americana* affermava senza mezzi termini che le politiche di Bush facevano parte di un piano per realizzare il sogno sionista di una "Grande Israele".

Secondo il rapporto dell'*American Free Press:* Di concerto con la forza fanatica del sionismo imperiale militante, Big Oil sta pianificando un'offensiva a tutto campo per prendere il controllo delle ricchezze petrolifere dell'intero Medio Oriente. Le compagnie petrolifere internazionali anglo-americane sognano di sbarazzarsi dei loro partner nelle dinastie arabe ricche di petrolio che controllano i giacimenti. I baroni del petrolio vogliono il petrolio per sé. Allo stesso tempo, i fanatici sionisti - cristiani ed ebrei - sognano di smantellare gli Stati arabi e di estendere i confini di Israele a una "Grande Israele" che si estende "dal Nilo all'Eufrate".

Con una tale convergenza di interessi, basata su un mix letale di ideologia, profitti e potere geopolitico, il sionismo di e le grandi compagnie petrolifere hanno trovato un terreno comune. In quanto tali, stanno ora cercando di stabilire un egemone in Medio Oriente sulle ricchezze petrolifere del mondo arabo. La campagna contro l'Iraq è stata solo l'inizio.

Il fatto che gli altri Stati arabi del Medio Oriente abbiano dichiarato con fermezza la loro opposizione al progettato assalto americano all'Iraq ha reso questi Stati altri nemici da massacrare. L'antica aspirazione sionista a una "Grande Israele" non è altro che una copertura per i conglomerati petroliferi per assumere il controllo assoluto del petrolio arabo, una volta per tutte. Il primo passo è stato l'eliminazione di Saddam Hussein.

L'Iraq è solo il primo domino destinato a cadere. Gli altri Stati arabi sono i prossimi. L'eliminazione degli attuali regimi arabi soddisferà le richieste degli integralisti israeliani, ma spianerà anche la strada ai conglomerati petroliferi per il controllo del petrolio del Medio Oriente.

Non è un caso che l'amministrazione di George W. Bush sia la forza trainante per il raggiungimento di questo obiettivo. Nato in una famiglia da tempo invischiata negli intrighi dell'élite petrolifera anglo-americana, Bush, come suo padre, è stato sia alleato di Israele sia, quando le circostanze lo hanno richiesto, contrario allo Stato sionista.

L'American Free Press ha sottolineato che nel libro *Friends In Deed: Inside the U.S.-Israel Alliance*, gli scrittori israeliani Dan Raviv e Yossi Melman hanno parlato apertamente dell'ostilità di Israele nei confronti di Bush senior durante il suo unico mandato - un punto che pochi americani conoscono, anche tra i più accaniti ammiratori repubblicani della famiglia Bush.

Gli israeliani hanno quindi poca fiducia nella famiglia Bush. Tuttavia, è un Bush che si trova alla Casa Bianca e che controlla l'arsenale militare americano. Israele riconosce che la potenza militare americana è l'unica cosa che può garantire la sopravvivenza di Israele in un mondo sempre più ostile a suoi obiettivi. Quindi Bush e i suoi alleati di Big Oil vedono l'alleanza con Israele come una necessità.

L'influenza sionista negli affari americani - in particolare nel campo del controllo dei media - ha raggiunto lo zenit. Inoltre, la "destra cristiana" pro-Israele - dominata da personaggi come Jerry Falwell, Pat Robertson, Tim LaHaye, ecc. - è estremamente influente all'interno dei ranghi del partito repubblicano, il che pone la base del GOP di Bush saldamente nel campo di Israele. Allo stesso tempo, ironia della sorte, la posizione di Israele non è mai stata così precaria.

Fortunatamente per Israele, tuttavia, gli eventi dell'11 settembre hanno chiuso il cerchio della scomoda alleanza tra il sionismo politico e le forze plutocratiche di Big Oil. L'ex analista della CIA George Friedman, un sostenitore di Israele, ha commentato l'11 settembre sul suo sito web ampiamente citato, www.stratfor.com, poche ore dopo i tragici attacchi: "Il grande vincitore di oggi, che lo volesse o no, è lo Stato di Israele.

Bush junior ha portato le forze militari statunitensi nel cuore del mondo arabo per creare un consorzio geopolitico in cui il potere militare degli Stati Uniti possa essere utilizzato per "addomesticare" gli arabi e prendere il controllo del loro petrolio. Nel fare ciò, Bush sta beneficiando di tutta la potenza propagandistica dei media dominati dai sionisti.

Open Secrets, scritto dal defunto accademico israeliano e critico del sionismo Israel Shahak, espone con franchezza la politica estera di Israele come una minaccia alla pace mondiale. Shahak sostiene che è un mito credere che ci sia una reale differenza tra le presunte politiche "conflittuali" dei blocchi "opposti" del Likud e dei laburisti israeliani, entrambi fautori di un'espansione volta a consolidare "Eretz Israel", uno Stato imperiale che controlla praticamente tutto il Medio Oriente. Israele, sostiene, è uno Stato militarista: le sue politiche sono dettate da fanatici religiosi fondamentalisti che ora dominano l'élite militare e i servizi di intelligence israeliani.

Se le forze statunitensi distruggeranno Saddam e occuperanno l'Iraq, prevede l'*American Free Press*, Israele sarà un partner chiave del consorzio, in virtù dell'influenza di Israele a Washington e nei media. L'occupazione dell'Iraq - anche l'installazione di un regime fantoccio - costituirebbe un'effettiva espansione dei confini di Israele, realizzando così una parte considerevole del sogno della *"Grande Israele"*. Ma a quale costo per il popolo americano

DISTRUZIONE CREATIVA" NEL MONDO ARABO

Nel caso in cui qualcuno dia la colpa di questi commenti alla "paranoia araba" o al "bigottismo anti-israeliano", vale la pena notare che uno dei più importanti difensori di Israele a Washington - il burocrate di lunga data della comunità di intelligence filo-israeliana Michael Ledeen, amico e collaboratore di Richard Perle - ha pubblicato un libro di propaganda intitolato *"La guerra contro i maestri del terrore"*, in cui parla di ciò che chiama "distruzione creativa".

Ledeen sostiene che questa "distruzione creativa" è "del tutto in linea con il carattere americano e la tradizione americana" - un'affermazione che sorprenderà molti americani. Ledeen sostiene che l'Iraq, la Siria, l'Arabia Saudita e, per buona misura, la Repubblica islamica dell'Iran, che non è un Paese arabo, dovrebbero essere tutti obiettivi di "distruzione creativa" da parte della potenza militare statunitense.

La "distruzione creativa", scrive Ledeen, è "il nostro secondo nome", e il termine "nostro" si riferisce agli americani, che condividano o meno le sue idee imperialiste. Secondo Ledeen:

> Demoliamo il vecchio ordine ogni giorno, dagli affari alla scienza, dalla letteratura, l'arte, l'architettura e il cinema alla politica e alla legge.

> I nostri nemici hanno sempre odiato questo turbine di energia e creatività, che minaccia le loro tradizioni

(qualunque esse siano) e li fa vergognare per la loro incapacità di tenere il passo. Vedendo l'America disfare le società tradizionali, ci temono, perché non vogliono essere disfatti.

Non possono sentirsi al sicuro quando ci siamo noi, perché la nostra stessa esistenza - la nostra esistenza, non le nostre politiche - minaccia la loro legittimità. Devono attaccarci per sopravvivere, così come noi dobbiamo distruggerli per portare avanti la nostra missione storica.[94]

Sebbene la sua retorica sia stentata e pesante, Ledeen difende l'idea che non sia il sostegno degli Stati Uniti a Israele a scatenare l'odio degli arabi verso gli USA; sostiene piuttosto che sia l'esistenza stessa degli Stati Uniti - l'"American way of life" - a infiammare le passioni arabe. Al contrario, egli sostiene che è l'esistenza stessa degli Stati Uniti - l'"American way of life" - a infiammare le passioni arabe (Che bugie! Che assurdità!).

Eppure queste parole sono la linea propagandistica della lobby israeliana, che spera di distogliere l'attenzione del popolo americano dalle cause dell'ostilità araba verso gli Stati Uniti, che deriva dall'incrollabile sostegno degli Stati Uniti a Israele. Ledeen prosegue suggerendo che chiunque si opponga a una guerra totale contro il mondo arabo dovrebbe essere rimosso da posizioni di responsabilità. Scrive

Il Presidente deve sbarazzarsi dei funzionari che non sono riusciti a gestire efficacemente le loro agenzie e di coloro che non hanno la volontà politica di condurre una guerra contro i padroni del terrorismo.

---

[94] Michael Ledeen. *La guerra contro i maestri del terrore*. (New York: Truman Talley Books/St. Martin's Press, 2002), pagg. 212-213.

I vertici dell'intelligence devono essere sostituiti, così come i capi militari che dicono al Presidente che non si può fare, che non sono pronti o che prima dobbiamo fare qualcos'altro, così come i responsabili della sicurezza nazionale che hanno insistito sul fatto che dobbiamo risolvere la questione arabo-israeliana prima di entrare di nuovo in guerra, e i vertici di agenzie come la FAA, l'INS, ecc.[95]

In realtà, al di là di ogni altra considerazione politica, il presidente George W. Bush aveva buone ragioni personali per obbedire agli ordini dei falchi della linea dura, promuovendo i loro progetti imperiali a favore di Israele.

Nell'edizione del febbraio 1992 del *Washington Report on Middle East Affairs*, l'ex deputato Paul Findley (R-Ill.) ha rivelato che nel 1991 l'ex ufficiale dei servizi segreti israeliani Victor Ostrovsky aveva rivelato un complotto di una fazione di destra del Mossad israeliano per uccidere l'allora presidente George H. W. Bush, percepito come una minaccia per Israele.

Dopo che Ostrovsky fornì i dettagli a un altro ex deputato, Pete McCloskey (R-Calif.), McCloskey lanciò un avvertimento ai servizi segreti statunitensi. Nel suo libro del 1994, *The Other Side of Deception (L'altra faccia dell'inganno)*, Ostrovsky rivelò i dettagli di ciò che aveva appreso sul complotto: il Mossad stava pianificando di assassinare Bush durante una conferenza internazionale a Madrid.

Il Mossad aveva catturato tre "estremisti" palestinesi e aveva informato la polizia spagnola che i terroristi erano in viaggio verso Madrid.

---

[95] *Ibidem*, p. 236.

Il piano era di uccidere Bush, liberare gli "assassini" in mezzo alla confusione e uccidere i palestinesi sul posto. Il crimine sarebbe stato attribuito ai palestinesi - un altro "false flag" del Mossad.

È così che l'amministrazione di George W. Bush oggi incoraggia e alimenta il vecchio sogno di un Grande Israele. Ma per raggiungere questo obiettivo, gli elementi sionisti neo-conservatori che hanno preso il potere nell'amministrazione Bush hanno iniziato a preparare il terreno molti anni fa. Uno dei primi passi di questo progetto è stata l'enunciazione di una teoria nota come "rollback rogue states".

IL RITIRO DEGLI STATI CANAGLIA FA PARTE DEL PIANO

Un'analisi approfondita delle politiche guerrafondaie dei neoconservatori non sarebbe completa senza un esame della politica di "ritiro degli Stati canaglia" - un piano emanato dai più alti livelli della lobby sionista in America - che ora ha visto il primo passo verso la sua realizzazione.

L'espressione "Stati canaglia" è un termine incendiario usato da Israele e dalla sua lobby in America - nonché dai sostenitori della propaganda imperialista - per descrivere Paesi in gran parte islamici come Iran, Iraq, Libia, Siria, Sudan, Afghanistan e altri che sono percepiti come minacce per Israele. Tuttavia, alla luce delle attuali affermazioni secondo cui il regime moderato e ricco di petrolio dell'Arabia Saudita "sostiene il terrorismo", si può solo concludere che i guerrafondai neo-conservatori considerano anche il regno saudita come uno Stato "canaglia".

La guerra contro gli "Stati canaglia" fa parte dell'attuazione di un "nuovo ordine mondiale" in cui nessuna nazione può mantenere la propria sovranità nazionale di fronte al potere militare americano detenuto da una combinazione di influenza "israelo-centrica" ai più alti livelli del governo statunitense e sostenuta dai media mainstream.

Il senatore John McCain è uno dei principali sostenitori dell'"arretramento degli Stati canaglia". Durante la sua candidatura alla presidenza repubblicana nel 2000, ha dichiarato che, come presidente, avrebbe fatto ogni sforzo per distruggere gli Stati canaglia.

Quello che McCain non ha detto è che la "sua" politica era in realtà parte di un piano a lungo termine ideato dalle alte sfere dell'élite politica internazionale, e più in particolare dai sostenitori della linea dura di Israele.

Questo piano per "far retrocedere gli Stati canaglia" - che all'epoca prendeva di mira specificamente l'Iraq e l'Iran - fu delineato per la prima volta il 22 maggio 1993 in un discorso allora segreto di un ex propagandista del governo israeliano, Martin Indyk, all'Istituto di Washington per gli Affari del Vicino Oriente, un gruppo di pressione privato pro-israeliano. All'epoca, il piccolo giornale americano *The Spotlight* fu l'unica pubblicazione a rivelare questo piano di aggressione.

Ciò che ha reso il piano strategico di guerra di Indyk così esplosivo è che, nel momento in cui Indyk ha definito questa politica, era l'"esperto" di politica mediorientale scelto dal Presidente Clinton per il Consiglio di Sicurezza Nazionale.

Nato in Inghilterra e cresciuto in Australia, Indyk si è stabilito all'indirizzo in Israele, ma in seguito ha ottenuto la cittadinanza americana "istantanea" con una proclamazione speciale del Presidente Clinton, poche ore dopo il giuramento di quest'ultimo, il 20 gennaio 1993 - uno dei primi atti ufficiali di Clinton (in seguito, questo ex propagandista israeliano è stato nominato ambasciatore degli Stati Uniti in Israele, nonostante il suo evidente conflitto di interessi). Nel giro di un anno, le grandi linee del piano di guerra di Indyk contro l'Iraq e l'Iran furono ufficialmente promosse dal potente Council on Foreign Relations di New York. Fu anche annunciato pubblicamente, nello stesso periodo, come politica ufficiale dell'amministrazione Clinton (sebbene fosse in cantiere da oltre un anno).

Un rapporto dell'Associated Press, pubblicato nell'edizione del 28 febbraio 1994 del *Washington Post*, annunciava che W. Anthony Lake, consigliere per la sicurezza nazionale del presidente Clinton, aveva elaborato un piano per il "doppio contenimento" dell'Iraq e dell'Iran, entrambi descritti da Lake come Stati "canaglia" e "in ritirata".

I commenti di Lake sono tratti da un articolo pubblicato nel numero di marzo/aprile 1994 di *Foreign Affairs*, la rivista trimestrale del Council on Foreign Relations (CFR) finanziato da Rockefeller, una filiale americana del Royal Institute for International Affairs con sede a Londra, un gruppo politico finanziato dalla famiglia europea Rothschild, da sempre sostenitrice di Israele.

Il 30 ottobre 1993, il *Washington Post* descrisse candidamente il CFR come "la cosa più vicina a un establishment di governo che gli Stati Uniti hanno", affermando che si trattava delle "persone che per più di mezzo secolo hanno gestito i nostri affari internazionali e il nostro complesso militare-industriale", [96] notando che 24 membri di alto livello dell'amministrazione Clinton - oltre a Clinton - erano membri del CFR.

C'era una piccola differenza nella politica definita da Lake: la distruzione dell'Iraq era il primo obiettivo. L'Iran sarebbe venuto dopo.

Lake ha affermato che l'amministrazione Clinton ha sostenuto gli esuli iracheni che volevano rovesciare il leader iracheno Saddam Hussein. Nonostante l'Iran sia quello che ha definito "il principale sponsor mondiale del terrorismo e degli assassinii", Lake ha affermato che l'amministrazione Clinton stava valutando la possibilità di migliorare le relazioni con l'Iran.

---

[96] *The Washington Post*, 30 ottobre 1993.

GINGRICH E ISRAELE

All'inizio del 1995, Newt Gingrich, l'allora neoeletto presidente repubblicano della Camera dei Rappresentanti e da sempre accanito sostenitore di Israele, tenne un discorso poco notato a Washington a un raduno di ufficiali militari e dei servizi segreti, invocando una politica mediorientale che, nelle sue parole, era "progettata per forzare la sostituzione dell'attuale regime in Iran... l'unica soluzione a lungo termine che abbia senso".

Il fatto che il leader de facto del partito repubblicano "di opposizione" abbia approvato questa politica non sorprende più di tanto, dal momento che all'epoca la moglie di Gingrich era pagata 2.500 dollari al mese dalla Israel Export Development Company, un'organizzazione che attirava le aziende americane al di fuori degli Stati Uniti in un parco commerciale ad alta tecnologia in Israele.

La signora Gingrich è stata presentata ai suoi datori di lavoro durante un tour in Israele sponsorizzato dall'American-Israel Public Affairs Committee (AIPAC), una lobby registrata a favore di Israele.

Un ex funzionario dell'AIPAC, Arne Christensen, è stato uno dei principali consiglieri politici di Gingrich. Prima di lavorare per la lobby israeliana, Christensen era stato nella squadra dell'ex deputato Vin Weber (R-Minn.), uno stretto collaboratore di Gingrich - e un altro membro del Council on Foreign Relations - che, come abbiamo visto in precedenza, è anche uno dei principali responsabili del "think tank" di William Kristol noto come Empower America.

Weber è poi diventato uno dei principali consiglieri del senatore John McCain durante la sua campagna presidenziale. E McCain è, ancora una volta, un membro del CFR.

Forse questo spiega come si sia chiuso il cerchio e come McCain abbia difeso l'idea che gli Stati Uniti debbano prendere misure provocatorie contro gli *Stati "canaglia"*. Ma il legame con Israele è ciò che più conta...

JOHN McCAIN - SPOKESMAN NEO-CONSERVATIVO

Il 25 febbraio 2000 *il Washington Post* ha rivelato che McCain annovera tra i suoi più stretti consiglieri tre noti commentatori filo-israeliani, portavoce di quella che è indubbiamente la "destra ebraica" - figure della cosiddetta rete "neo-conservatrice": L'editorialista *del New York Times* William Safire, Charles Krauthammer e l'onnipresente William Kristol, il cui datore di lavoro, il barone dei media Rupert Murdoch, fanaticamente filoisraeliano e satellite della famiglia Rothschild, ha sostenuto la candidatura presidenziale di McCain attraverso il suo quotidiano, il *New York Post*.

Lo stesso McCain ha dichiarato la sua fedeltà a Israele, al di là degli interessi americani. In un discorso al Consiglio nazionale dei giovani israeliani, tenutosi a New York il 14 marzo 1999, McCain ha dichiarato:

> Come nazione, scegliamo di intervenire militarmente all'estero per difendere i valori morali che sono al centro della nostra coscienza nazionale, anche quando non sono necessariamente in gioco interessi nazionali vitali. Sollevo questo punto perché è al centro dell'approccio di questa nazione nei confronti di Israele. La sopravvivenza di Israele è uno dei più importanti impegni morali del nostro Paese.

In breve, McCain sarebbe pronto a impegnare gli Stati Uniti in una guerra in difesa di Israele, anche se gli "interessi vitali" dell'America non sono necessariamente in gioco. Il suo sostegno agli attacchi contro gli Stati islamici "canaglia" è parte integrante di questa politica, che difficilmente mette l'America al primo posto.

McCain ha detto di essere "guidato" dai "principi wilsoniani", la filosofia internazionalista secondo cui il potere militare degli Stati Uniti dovrebbe essere usato per far rispettare le norme globali, come dettato dagli stessi Stati Uniti.

In realtà, gli atti dimostrano che McCain ha fatto a lungo parte di un gruppo d'élite che promuove l'azione militare americana in difesa di Israele. Secondo il numero del 2 agosto 1996 del *Jewish Chronicle* di Londra, McCain è stato membro di un'organizzazione poco conosciuta che si fa chiamare Commissione sull'interesse nazionale dell'America, che ha pubblicato un rapporto che definisce Israele un interesse "di prim'ordine" per gli Stati Uniti, meritevole di "spendere tesori e sangue", una conclusione che molti americani potrebbero mettere in dubbio.

Il rapporto pone la sopravvivenza di Israele "al pari della prevenzione di attacchi nucleari e biologici contro gli Stati Uniti come interesse vitale degli Stati Uniti".

Il Chronicle ha riassunto il rapporto, citando il gruppo, con il titolo: Gli americani "dovrebbero andare in guerra per difendere Israele".

Confrontate questo dato con i risultati di un sondaggio del settembre 1998 del Pew Research Center for the People and the Press (riportato nel numero del 28 dicembre 1998 del *Washington Post*), che all'epoca indicava che solo il 45% dell'opinione pubblica americana avrebbe appoggiato l'intervento americano se le forze arabe avessero invaso Israele, rispetto al 74% delle cosiddette "élite d'opinione" che avrebbero appoggiato le truppe di terra americane in un simile conflitto. *Ma a quanto pare l'opinione popolare americana non conta.*

La guerra contro gli Stati "canaglia" e i preparativi per un'eventuale azione militare degli Stati Uniti a difesa di Israele sono stati oggetto di continue pressioni nei circoli più alti. Si tratta chiaramente di una priorità per l'élite.

I NEOCONSERVATORI AMPLIANO I LORO OBIETTIVI

Il 29 novembre 1998, l'ex Segretario di Stato Henry Kissinger, figura chiave del CFR e sostenitore di lunga data della causa sionista, pubblicò un articolo di alto profilo sul *Washington* Post intitolato "Abbattete Saddam". Più di recente, tuttavia, i difensori di Israele hanno iniziato ad ampliare i loro obiettivi.

Nel numero del 2 marzo 2000 del *Washington Post,* l'editorialista Jim Hoagland ha scritto che era necessaria "un'ampia strategia politica e militare per il Golfo Persico... basata sul sostegno attivo degli Stati Uniti alla democrazia rappresentativa, non solo in Iraq e in Iran, ma anche nelle monarchie arabe conservatrici della regione. I due Stati canaglia non possono essere isolati come gli unici candidati al cambiamento....".

In altre parole, anche Stati arabi come l'Arabia Saudita e forse gli Emirati Arabi Uniti, il Kuwait e altri potrebbero subire l'ira dell'élite imperialista "neo-conservatrice", che sta usando il potere dell'esercito statunitense per raggiungere il suo obiettivo.

Hoagland ha aggiunto che "la politica degli Stati Uniti nei confronti dell'Iraq è un tema maturo per il dibattito elettorale [e che]... il candidato che può articolare in modo convincente una strategia politica e militare integrata per affrontare le molteplici sfide della sicurezza nazionale nel Golfo merita una seria considerazione da parte degli elettori americani".

Alla fine, sebbene John McCain, sostenitore di un "rollback" degli Stati canaglia, non sia diventato Presidente, il suo avversario alle primarie repubblicane, George W. Bush, lo è diventato. Ed è sotto l'amministrazione del nuovo Presidente repubblicano che è stata lanciata la guerra contro l'Iraq, il culmine di un piano di lunga data della cricca "neo-conservatrice", la cui rete ben finanziata e affiatata stava pianificando proprio un'azione del genere da quasi una generazione.

L'ALTRO "ASSE DEL MALE

Un altro elemento chiave nella spinta verso l'imperium americano sostenuta dal blocco neoconservatore è l'"asse del male" tra i neoconservatori (che, come abbiamo visto, sono in gran parte falchi ebrei della linea dura alleati del regime di Sharon in Israele) e la cosiddetta "destra cristiana" in America - i dispensazionalisti della linea dura.

Sebbene il giornalista Jon Lee Anderson abbia sorriso sul *New Yorker* per quelle che ha definito le "solite affermazioni" del vice primo ministro iracheno Tariq Aziz, secondo l'interpretazione di Anderson delle parole di Aziz, "l'America è stata dirottata da un piccolo gruppo di ebrei e cristiani, dalla lobby del petrolio e dal complesso militare-industriale",[97], le affermazioni di Aziz erano vere.

Sebbene né tutti gli ebrei americani né tutti i cristiani americani si siano alleati con i neoconservatori e i fondamentalisti cristiani per sostenere il desiderio di un Grande Israele, Aziz ha ragione quando parla di un "piccolo gruppo", per quanto influente.

La destra cristiana è in realtà solo un segmento - seppur importante - del movimento fondamentalista cristiano americano. Tuttavia, poiché la destra cristiana si è affermata come base di potere essenziale per le ambizioni elettorali di George W. Bush e del Partito Repubblicano, la sua influenza a favore dei neoconservatori e del sogno di un Grande Israele è fuori discussione.

Il biografo di Bush Michael Lind ritiene che George W. Bush sia personalmente spinto ad accettare la dottrina neoconservatrice proprio perché sembra aver abbandonato le tradizionali convinzioni religiose cristiane della sua famiglia a favore dello

---

[97] *The New Yorker*, 7 aprile 2003.

stesso tipo di fondamentalismo cristiano praticato dai sostenitori pro-Israele della dura destra cristiana.

Lind scrive: "Ci sono pochi dubbi sul fatto che i legami tra George W. Bush e Ariel Sharon fossero basati su convinzioni, non su convenienze. Come la base sionista cristiana del partito repubblicano, George W. Bush era un devoto fondamentalista del Sud.[98]

IL LEGAME CON ASHCROFT

Sebbene Bush abbia collocato molti neoconservatori in importanti posizioni di politica estera, saremmo negligenti se non menzionassimo la sua nomina dell'ex senatore del Missouri John Ashcroft - membro di una piccola ma vocale setta cristiana fanaticamente pro-israeliana nota come "Pentacostali" - a Procuratore Generale degli Stati Uniti. In questa posizione, Ashcroft è responsabile dell'intero sistema giudiziario federale degli Stati Uniti e supervisiona il Federal Bureau of Investigation (FBI), l'agenzia federale per l'applicazione della legge.

Sebbene i gruppi di interesse "liberali" americani abbiano protestato a gran voce contro la nomina di Ashcroft, il fatto è che mentre i neri, le femministe, 1 sostenitori dell'aborto, gli omosessuali e altri si sono rannicchiati alla prospettiva che John Ashcroft diventasse Procuratore Generale, un gruppo di interesse particolarmente influente - la lobby pro-Israele - aveva già dato ad Ashcroft il suo "via libera".

Il primo segno pubblico dell'amore di Israele per Ashcroft si è avuto quando è stato ampiamente riportato dai media tradizionali che Abe Foxman, direttore nazionale della Anti-Defamation League (ADL) - una potente unità della lobby di Israele - aveva

---

[98] *Michael Lind*. Made in Texas: George W. Bush and the Southern Takeover of American Politics *(New York: Basic Books, 2003), pag. 157.*

annunciato che si aspettava che Ashcroft fosse un uomo "giusto". I sostenitori di Ashcroft hanno lodato a gran voce l'efficace sostegno di Foxman.

Nel frattempo, gli addetti ai lavori che leggono *The New Republic* (TNR), un giornale noto come voce influente e stridente della lobby di Israele, hanno avuto l'indizio dell'"accettabilità" di Ashcroft da una fonte chiave. Il direttore politico di Ashcroft, Tevi Troy, un ebreo ortodosso che una volta si è riferito pubblicamente ai non ebrei come "goyim" (un termine razzista), ha scritto un articolo (pubblicato nel numero del 29 gennaio 2001 di TNR) per promuovere Ashcroft. Troy - ora referente dell'amministrazione Bush con la comunità ebraica - disse che Ashcroft era "più che tollerante, è decisamente filosemita". Troy ha rivelato

> Ashcroft è nato in una famiglia di gentili in una zona prevalentemente ebraica di Chicago. Sua madre lavorava come Shabbos goy [cioè un non ebreo che lavora per gli ebrei durante il sabato ebraico], accendendo e spegnendo forni a seconda delle necessità. Il padre di Ashcroft ha persino portato con sé una mezuzah [simbolo religioso ebraico] quando si sono trasferiti da Chicago a Springfield, nel Missouri, dove l'ha tenuta affissa allo stipite della porta fino alla sua morte nel 1995. Scommetto che Ashcroft conosce l'ebraismo meglio di metà dei membri ebrei del Senato.[99]

Nel frattempo, mentre il senatore democratico ebreo e liberale di New York, Charles Schumer, tranquillizzava i suoi elettori "liberali" opponendosi pubblicamente ad Ashcroft, Schumer (come altri addetti ai lavori) era ben consapevole che Ashcroft era stato suo (di Schumer) partner nell'introduzione di misure

---

[99] *The New Republic*, 29 gennaio 2001.

parlamentari per promuovere gli interessi di Israele negli anni precedenti.

Tra gli altri, Ashcroft e Schumer insieme:

- Ha co-sponsorizzato una pericolosa misura "antiterrorismo" in stile stato di polizia, fortemente promossa dall'ADL e dalla lobby israeliana, contro la quale si sono mobilitati i patrioti di tutta l'America, riuscendo in gran parte a impedirne la piena attuazione. Naturalmente, questo avveniva *molto prima degli attentati dell'11 settembre.*

- ha guidato gli sforzi del Congresso per costringere il trasferimento dell'ambasciata americana da Tel Aviv a Gerusalemme; e

- Ha sponsorizzato una misura per rendere obbligatoria l'opposizione degli Stati Uniti a qualsiasi dichiarazione indipendente di uno Stato palestinese.

Per la sua campagna contro i palestinesi, l'Istituto per gli Affari Pubblici dell'Unione delle Congregazioni Ebraiche Ortodosse d'America ha salutato Ashcroft come "un convinto difensore dello Stato di Israele, della sua sicurezza e della sua protezione".

UN'ALLEANZA DI ESTREMISTI EBREI E CRISTIANI...

Da quando è diventato procuratore generale, Ashcroft è stato uno dei principali sostenitori delle politiche neo-conservatrici del Likud dell'amministrazione, proteggendo con devozione gli interessi di Israele. Nel frattempo, gli alleati neo-conservatori di Ashcroft nell'apparato di politica estera di Bush hanno stretto una potente alleanza con il blocco di voti della destra cristiana. Gli ex analisti della CIA Bill e Kathleen Christison hanno descritto questo fenomeno in termini particolarmente pungenti:

I due fedelissimi dell'amministrazione Bush hanno dato ulteriore impulso alla crescita di un ceppo messianico del fondamentalismo cristiano che si è alleato con Israele per preparare i cosiddetti tempi della fine. Questi fondamentalisti folli considerano il dominio di Israele sull'intera Palestina come un passo necessario per il compimento del millennio biblico, considerano qualsiasi cessione israeliana di territori in Palestina come un sacrilegio e considerano la guerra tra ebrei e arabi come un preludio divinamente ordinato dell'Armageddon.

Questi estremisti cristiani di destra esercitano una profonda influenza su Bush e sulla sua amministrazione, così che i fondamentalisti ebrei che lavorano per la perpetuazione del dominio di Israele in Palestina e i fondamentalisti cristiani che lavorano per il Millennio si rafforzano a vicenda nei consigli di amministrazione.

L'Armageddon che i sionisti cristiani sembrano promuovere attivamente, e con cui i lealisti israeliani all'interno dell'amministrazione si sono tatticamente alleati, solleva la prospettiva orribile ma molto reale di una guerra apocalittica tra cristiani e musulmani.

Ai neoconservatori non sembra importare, e le occasionali ammonizioni *proforma* di Bush contro l'incolpazione di tutto l'Islam per i peccati degli estremisti islamici non fanno nulla per rendere meno probabile questa prospettiva.

Queste due correnti del fondamentalismo ebraico e cristiano si sono fuse in un vasto progetto imperiale di ristrutturazione del Medio Oriente, rafforzato dalla felice coincidenza di grandi risorse petrolifere su e di un Presidente e un Vicepresidente fortemente investiti nel petrolio.

Tutti questi fattori - la doppia lealtà di una vasta rete di politici alleati di Israele, l'influenza di un'ala fanatica di fondamentalisti cristiani e il petrolio - hanno probabilmente contribuito più o meno allo stesso modo ai calcoli dell'amministrazione sulla situazione israelo-palestinese e sulla guerra con l'Iraq.

Ma il fattore più decisivo nella definizione della politica americana è il gruppo dei lealisti israeliani: né il sostegno dei fondamentalisti cristiani a Israele né i calcoli petroliferi avrebbero il peso che hanno nei consigli di amministrazione senza il contributo essenziale di questi lealisti, che sanno chiaramente come giocare con i fanatici cristiani e che senza dubbio sanno anche che il loro pane e quello di Israele è imburrato dagli interessi petroliferi di persone come Bush e Cheney.

È qui che la fedeltà dei funzionari a Israele colora e influenza la politica statunitense in modo estremamente pericoloso.[100]

LA STORIA DELL'ALLEANZA...

Uno storico ebreo americano, Benjamin Ginsberg, nel suo studio *The Fatal Embrace: Jews and the State*, ha esplorato il ruolo dell'alleanza della destra cristiana con i neoconservatori. Spiega

> La stretta relazione tra Israele e i fondamentalisti cristiani iniziò a svilupparsi dopo che il blocco conservatore del Likud salì al potere in Israele nel 1977 e si rafforzò dopo la vittoria di Reagan alle presidenziali statunitensi del 1980. Dopo il suo insediamento, Reagan ricevette un telegramma firmato dal reverendo Jerry Falwell e da altri importanti leader fondamentalisti cristiani, che lo esortavano a dare pieno sostegno a Israele che, a loro dire, "da un punto di

---

[100] Kathleen e Bill Christison nella rivista *Counterpunch* su counterpunch.org, 13 dicembre 2002.

vista religioso, morale e strategico", rappresentava "le nostre speranze di sicurezza e pace in Medio Oriente".

Il governo Begin ha conferito a Falwell il premio Zabotinsky per i servizi resi a Israele e ha invitato spesso lui e altri leader della destra cristiana in Israele. Falwell sostiene fortemente l'annessione di Israele ai territori occupati e il trasferimento della capitale a Gerusalemme. "Non c'è dubbio che la Giudea e la Samaria debbano far parte di Israele", ha detto Falwell. Inoltre, "credo che le alture del Golan dovrebbero essere annesse come parte integrante dello Stato di Israele", ha detto.[101]

L'autore Michael Lind suggerisce che Falwell potrebbe essere "il più importante lobbista del Partito Likud negli Stati Uniti".[102] Inoltre, come notano gli autori ebrei americani Ken Silverstein e Michael Scherer, Begin apprezzava così tanto Falwell da regalargli un Learjet per il suo impegno a favore di Israele.[103]

NEOCONSERVATORI E FONDAMENTALISTI

Dai tempi di Begin, i successivi primi ministri del Likud hanno stretto legami con gli evangelici americani. Secondo Silverstein e Scherer

> I conservatori cristiani forniscono a Israele - e in particolare al partito Likud del Primo Ministro Ariel Sharon - il principale sostegno politico negli Stati Uniti. Si oppongono alla cessione di terre da parte di Israele ai palestinesi e fanno

---

[101] Benjamin Ginsberg. *The Fatal Embrace: Jews and The State* (Chicago: University of Chicago Press), 1993, p. 211.

[102] Lind, pag. 149.

[103] "Sionisti rinati", Ken Silverstein e Michael Scherer, *Mother Jones*, settembre/ottobre 2002.

pressione sull'amministrazione Bush affinché chiuda gli uffici palestinesi negli Stati Uniti. Mantengono inoltre stretti legami con i leader del Congresso del GOP e con un gruppo di falchi di alto rango al Pentagono - guidati dal vice segretario alla Difesa Paul Wolfowitz - che alcuni addetti ai lavori di Washington chiamano "Kosher Nostra".....

Si sforzano di sostenere Israele, ironicamente, perché credono che questo porterà al trionfo finale del cristianesimo. Per loro, l'attuale crisi in Medio Oriente è stata profetizzata nella Bibbia: dopo la riconquista ebraica della Terra Santa, i non credenti - compresi gli ebrei e i musulmani - periranno ad Armageddon e Gesù tornerà come Messia per condurre i suoi seguaci in paradiso.

Infatti, grazie alle relazioni ad alto livello e all'attivismo popolare dei cristiani evangelici, la politica americana in Medio Oriente non è mai stata così strettamente allineata con Israele come sotto l'amministrazione di George W. Bush...[104]

I cristiani evangelici sono particolarmente ostili agli arabi e ai musulmani. Essi ritengono che "arabi e musulmani risalgono a Ismaele, il figlio svantaggiato di Abramo, al quale Dio promise vaste terre e risorse, ma che non si accontentò mai di ciò che aveva. Qualunque sia la fortuna degli arabi, essi non conosceranno mai la pace spirituale", [105], secondo questi estremisti cristiani. (Si noti che questa non è la visione abituale del tipico cristiano americano, come vedremo).

Sottolineando che uno dei falchi dell'amministrazione Bush che ha lavorato a stretto contatto con la destra cristiana è stato

---

[104] *Ibidem.*

[105] Silverstein & Scherer, *Mother Jones. Ibidem.*

Douglas Feith - il vice assistente del vice segretario alla Difesa Paul Wolfowitz - Silverstein e Scherer citano l'ex collaboratore di Feith al Centro per la politica di sicurezza, Frank Gaffney, che ha detto: "La politica del governo degli Stati Uniti è profondamente influenzata dalle convinzioni condivise da chi spinge all'esterno [i cristiani evangelici] e da chi spinge all'interno [i neoconservatori ebrei]".[106]

Notando l'entusiastica accoglienza riservata dal Likud israeliano ai fondamentalisti, Michael Lind sottolinea che "il fervente sostegno dei fondamentalisti protestanti a Israele... è stato manipolato per un quarto di secolo dai politici israeliani di destra e dai loro alleati neo-conservatori".[107]

Ironia della sorte, anche i gruppi ebraici americani "liberali" che sostengono Israele, ma che si dichiarano pubblicamente a favore di una soluzione negoziata con i palestinesi, vedono il pericolo di questa empia alleanza tra cristiani evangelici e neo-conservatori ebrei.

Il rabbino Eric Yoffie, capo dell'Unione delle Congregazioni ebraiche americane, ha affermato che questa alleanza di evangelici e neoconservatori vede "qualsiasi concessione come una minaccia per Israele, rafforzando così gli integralisti in Israele e negli Stati Uniti".[108]

FANATICI DEL CONGRESSO

Nel Congresso degli Stati Uniti, alcuni legislatori sono strettamente allineati con i fondamentalisti cristiani e i loro alleati

---

[106] *Ibidem.*

[107] Lind, p. 148.

[108] *Ibidem.*

sionisti. Tra questi c'è il leader della maggioranza repubblicana della Camera, Tom DeLay, del Texas, che "concorda con i falchi israeliani sul fatto che la Cisgiordania e le alture del Golan sono parte di Israele piuttosto che territorio occupato".[109]

Al Senato, uno dei principali "falchi" cristiani pro-Israele è il senatore Sam Brownback, repubblicano del Kansas. Tuttavia, il senatore James Inhofe dell'Oklahoma, anch'egli membro del Partito Repubblicano, è forse ancora più retoricamente estremo e fanatico di Brownback nel suo sostegno alla linea dura dei Likudniks, sia cristiani che ebrei.

Sebbene Tom Brokaw della NBC abbia descritto il senatore James Inhofe (R-Okla) come un "esperto di politica estera" nella notte elettorale del 2000, la competenza di Inhofe sembra più simile al fanatismo religioso della persuasione sionista cristiana fondamentalista.

Ad esempio, il 4 marzo 2002, Inhofe ha dichiarato in un discorso al Senato che Dio ha permesso ai terroristi di attaccare gli Stati Uniti l'11 settembre 2001 per punire l'America per essere troppo dura con Israele. In un discorso di condanna del suo collega repubblicano, il Presidente Bush, allora percepito come troppo duro nei confronti di Israele, Inhofe dichiarò senza mezzi termini

> Una delle ragioni per cui ritengo che sia stata aperta la porta spirituale per un attacco agli Stati Uniti d'America è che la politica del nostro governo è stata quella di chiedere agli israeliani, e di fare pressione su di loro, di non rispondere in alcun modo significativo agli attacchi terroristici che sono stati lanciati contro di loro.[110]

---

[109] *Ibidem.*

[110] *Registro del Congresso*, Senato. 4 marzo 2002.

Sebbene i media americani abbiano già attaccato gli oratori del mondo musulmano che hanno suggerito, in un modo o nell'altro, che l'attacco dell'11 settembre agli Stati Uniti è stato voluto da Allah, le osservazioni incendiarie di Inhofe non sono state praticamente menzionate.

Inhofe non è stato l'unico fondamentalista cristiano americano a fare un simile commento. L'11 ottobre 2002, l'evangelista Joyce Meyer ha detto alla conferenza nazionale della Coalizione cristiana che il popolo americano meritava l'attacco dell'11 settembre perché non si era schierato fermamente con Israele. "Se non obbediamo a Dio, la protezione di Dio sarà revocata ", ha annunciato ([111]). Eppure i media tradizionali hanno ignorato questa follia filoisraeliana.

Inhofe ha anche cercato di spiegare che l'etnia palestinese non ha mai avuto un diritto storico sulla Palestina e che, quando erano lì, hanno contribuito poco allo sviluppo della regione.

Ad esempio, in un altro discorso al Senato, Inhofe ha citato il filosofo francese del XVIII secolo Voltaire, che ha descritto la Palestina del suo tempo come un "luogo tetro e senza speranza". Tuttavia, ciò che Inhofe, nel suo pregiudizio a favore degli occupanti ebrei della Palestina, sembra aver ignorato è ciò che Voltaire avrebbe detto in un'altra occasione: "Mentre gli arabi si distinguono per il loro coraggio, la loro ospitalità e la loro umanità, gli ebrei sono vili e libertini, avidi e avari".

Il senatore dell'Oklahoma ha suggerito che la Palestina è una terra desolata che nessuno vuole. "Dov'era questa grande nazione palestinese?", ha chiesto Inhofe. "Non esisteva. Non esisteva. I palestinesi non c'erano.

---

[111] *Citato in Michael Lind.* Made in Texas: George W. Bush and the Southern Takeover of American Politics *(New York: Basic Books, 2003), p. 153.*

Sebbene qualsiasi persona normale con una conoscenza anche minima della storia palestinese sappia che le affermazioni di Inhofe sono il prodotto di un'immaginazione febbrile, resta il fatto che milioni di americani condividono queste opinioni provocatorie e odiose.

I MEDIA FILO-SIONISTI PROMUOVONO UNA SETTA FONDAMENTALISTA

La verità è che i media americani (da tempo pro-Israele) hanno contribuito a promuovere la causa della destra cristiana e dei suoi seguaci "dispensazionalisti", che sono così strettamente legati alla causa "neo-conservatrice" in America e ai suoi alleati in Israele.

Ad esempio, *Time*, il settimanale di notizie pubblicato dal mega-monopolio dei media AOL-Time Warner, si è recentemente affermato come uno dei principali promotori della filosofia degli "ultimi giorni" del dispensazionalismo, identificata dai televangelisti cristiani alleati con la cricca neo-conservatrice dell'amministrazione Bush.

In una storia di copertina del 1° luglio 2002, riccamente illustrata e intitolata "La Bibbia e l'Apocalisse. The Apocalypse-Why more Americans are reading and talking about the end of the world", *Time* ha offerto tredici intere pagine di pubblicità ai sostenitori dei "tempi della fine", in particolare all'evangelista "conservatore" della destra cristiana Tim LaHaye, un eroe improbabile per una rivista solitamente considerata una voce di orientamento liberale.

Perché i super-ricchi plutocrati che dominano AOL e *Time Warner* - tra cui il miliardario Edgar Bronfman, barone del whisky e capo del Congresso ebraico mondiale - dovrebbero usare la loro influenza mediatica per promuovere una qualche forma di teologia cristiana? È una domanda che molti cristiani americani in disaccordo con la filosofia "dispensazionalista" hanno iniziato a porsi.

Le tredici pagine della rivista, dominate dalla famiglia Bronfman, contenevano 13 articoli diversi, brillantemente illustrati, oppure barre laterali o documenti esplicativi. Un notevole sforzo è stato fatto per promuovere LaHaye: nel primo paragrafo, l'articolo principale presentava l'ultimo libro di LaHaye, *The Remnant*, come "il più grande libro dell'estate" e presentava una foto della copertina del libro in posizione di rilievo.

In cima alle varie pagine del documento ci sono riquadri con "fatti" come "il 36% degli intervistati che sostengono Israele dice di farlo perché crede nelle profezie bibliche secondo cui gli ebrei devono controllare Israele prima del ritorno di Cristo" o "il 42% dice di sostenere Israele perché gli ebrei sono il popolo eletto da Dio".

Quattro intere pagine di un singolo articolo erano dedicate specificamente a LaHaye. Una grande e attraente fotografia a colori di due pagine di un LaHaye gesticolante, scattata dal basso verso l'alto, che lo fa apparire quasi imponente, era accompagnata dal titolo, a caratteri cubitali, "Meet the Prophet". Una seconda fotografia mostrava un LaHaye sorridente e vestito con disinvoltura mentre veniva accarezzato dall'attraente moglie e collaboratrice Beverly, descrivendoli come una "coppia potente" che "condivide uno zelo evangelico".

Accanto all'articolo di LaHaye, *il Time* ha fornito con entusiasmo fotografie a colori di... :

- I "romanzi grafici" di LaHaye *(Left Behind)*, sotto forma di fumetto

- Il gioco da tavolo *Left Behind* di Lahaye,

- Le copertine di sei dei 22 libri per bambini di LaHaye,

- I CD di *Left Behind* di LaHaye (che *il Time* dice ai suoi lettori essere versioni audio "con un po' di musica"); e

- Una foto del sequel di *Left Behind* di LaHaye. Per assicurarsi che nessuno si perda la prima, *il Time* ha informato i suoi lettori che il nuovo film di LaHaye sarà "disponibile a novembre".

Poche persone hanno la fortuna di ottenere questo tipo di attenzione da parte dei media! Ed è chiaro che tutto questo è stata una pubblicità preziosa per la quale LaHaye avrebbe dovuto spendere milioni. Ma non finisce qui.

Nell'articolo principale della serie, i redattori del *Time* hanno distribuito fotografie a colori su due pagine - accompagnate dalle descrizioni dei dieci romanzi completi della serie "Left Behind" di LaHaye, compresa una seconda foto dell'ultimo romanzo di LaHaye, *The Remnant*, che era già stato promosso e illustrato nel primo paragrafo dello stesso articolo.

Sotto ogni immagine e descrizione di ogni romanzo, *il Time* citava generosamente le Scritture su cui si supponeva che ogni romanzo fosse basato e, a caratteri cubitali, sibilava "Copie vendute 7.000.000" (o qualunque sia la cifra pertinente) sotto l'illustrazione di ognuno dei libri.

Un altro articolo ha posto quella che probabilmente è la domanda pertinente sulla visione dispensazionalista di LaHaye (in relazione alla famiglia Bronfman): "È un bene per gli ebrei?". La risposta, a quanto pare, è "sì".

Sebbene *il Time* abbia notato che alcuni teologi ebrei sono contrariati dal fatto che LaHaye e i dispensazionalisti vedono i "tempi della fine" come il periodo in cui gli ebrei devono accettare Gesù Cristo come messia, *il Time* ha lasciato il giudizio critico finale a una voce di spicco della lobby pro-Israele.

Secondo il Time: "Tuttavia, quando un popolo si sente isolato e attaccato, prenderà tutti gli amici che può avere, replica Abraham Foxman, direttore nazionale della Anti-Defamation League". *Il Time* cita direttamente Foxman: "Non credo che sia nostro compito sondare i cuori, le anime e la metafisica delle persone per scoprire perché sostengono Israele.

Alcuni lo fanno per motivi di interesse nazionale, altri per motivi morali e altri ancora per motivi teologici. Non stabiliamo standard o condizioni per il sostegno". *Quindi la destra cristiana è il braccio destro di Israele.*

I MEDIA FILO-IONISTI ATTACCANO IL VATICANO

Al contrario, i media mainstream statunitensi hanno fatto molto per condannare i leader e le fazioni religiose cristiane che sollevano dubbi sul partito della guerra neoconservatore e sui suoi aderenti della destra cristiana.

Ad esempio, il leader del culto coreano Sun Myung Moon, editore del neoconservatore *Washington Times*, ha *diretto* il fuoco del suo giornale contro la Chiesa cattolica romana e Papa Giovanni Paolo II in Vaticano.

Confermando l'accusa mossa nel 2002 da un giornale approvato dal Vaticano, secondo cui i media tradizionali sono ostili alla Chiesa cattolica a causa della sua opposizione all'aggressione statunitense contro l'Iraq, il giornale di Moon ha lanciato un editoriale contro la Chiesa proprio per questo motivo.

Il 22 gennaio 2003, il *Washington Times* di Moon ha denunciato che "la storia recente suggerisce che una nota di cautela è d'obbligo quando si tratta di ascoltare gli avvertimenti della Chiesa cattolica sull'azione militare degli Stati Uniti contro l'Iraq".[112]

Notando che il Vaticano e i leader cattolici statunitensi "si sono distinti negli ultimi mesi come due dei più acuti critici di possibili attacchi militari statunitensi contro l'Iraq", il *Times* ricorda che nel periodo precedente la Guerra del Golfo del 1991, "il Papa ha

---

[112] *Washington Times*, 22 gennaio 2003.

fatto numerose dichiarazioni mettendo in dubbio la saggezza di entrare in guerra".

Per un giornale che si autoproclama "mainstream" avventurarsi fino a pubblicare un simile editoriale può sembrare ad alcuni critici di avventurarsi nell'arena del fanatismo religioso, in quanto coloro che hanno osato suggerire che "l'influenza ebraica" possa essere stata una forza importante nel promuovere il coinvolgimento degli Stati Uniti in una guerra contro l'Iraq sono stati accusati di "alimentare le fiamme dell'odio religioso". Tuttavia, il giornale di Moon sembra non avere problemi ad attaccare la Chiesa cattolica e i suoi leader quando assumono una posizione politica diversa da quella del reverendo Moon e della contingenza pro-Israele che detta la politica editoriale "neo-conservatrice" *del Washington Times, che ha* una presa di potere su.

L'attacco di Moon al Vaticano non ha sorpreso chi sapeva che nel numero del 1° giugno 2002, *Civilta Cattolica* - un'influente rivista approvata dal Vaticano - aveva preso di mira i media statunitensi per la loro copertura ossessiva degli scandali sessuali della Chiesa cattolica. *Civilta Cattolica* affermava categoricamente che i controllori dei media statunitensi nutrivano rancore nei confronti della Chiesa, almeno in parte perché la Chiesa cattolica si era rifiutata di sostenere la guerra contro Saddam promossa dai media nel 1991.

Dato che, come indica il dossier, l'improvviso e intenso interesse dei media per i problemi della Chiesa è esploso dopo l'11 settembre, è interessante notare che anche *Civilta Cattolica* ha citato le conseguenze dell'11 settembre nella sua disamina degli attacchi dei media alla Chiesa.

In realtà, *Civilta Cattolica* ha suggerito che gli appelli della Chiesa cattolica contro le "vendette" contro il mondo arabo e musulmano sulla scia dell'11 settembre hanno offeso anche i media, che hanno promosso con forza un'agenda antiaraba e antimusulmana, citando spesso cosiddetti "esperti" di terrorismo e Medio Oriente che sono - il più delle volte - difensori della politica israeliana e spesso direttamente affiliati ai servizi segreti israeliani.

Oggi è intervenuto *il Washington Times*, quasi a confermare il peso dell'accusa mossa dal giornale approvato dal Vaticano.

LIEBERMAN COME PRESIDENTE

Altrettanto interessante (e correlato) è il fatto che mentre il *Times* - molto influente negli ambienti repubblicani - attaccava il Vaticano per la sua posizione sul conflitto USA-Iraq, lo stesso giornale faceva un cenno amichevole alle aspirazioni presidenziali democratiche del senatore Joseph Lieberman, salutandolo come il tipo di statista che gli americani dovrebbero sostenere proprio per la sua determinazione a trascinare gli USA in una guerra contro l'Iraq.

Nel 2001, in un editoriale del 13 agosto intitolato "A Scoop Jackson Democrat", il *Times* ha elogiato il ruolo di primo piano di Lieberman negli sforzi per innescare l'invasione statunitense dell'Iraq. Secondo il *Times*

> Quando si tratta di comprendere le più importanti questioni di politica estera del giorno - in particolare, la necessità di spiegare al pubblico americano perché il Presidente Bush ha ragione a perseguire i suoi piani per rovesciare il leader iracheno Saddam Hussein - Lieberman fornisce esattamente il tipo di leadership necessaria.[113]

Il *Times* afferma che "non è esagerato dire che l'approccio di lunga data del signor Lieberman alla politica estera ricorda da

---

[113] *Washington Times*, 13 agosto 2001.

vicino quello adottato dal defunto senatore di Washington Henry 'Scoop' Jackson durante la Guerra Fredda".[114]

Il paragone non è probabilmente casuale se si considera che la vera "mente" dietro la posizione guerrafondaia (e ferocemente filo-israeliana) di Jackson non era altro che Richard Perle, oggi il principale ideologo dei falchi "neo-conservatori" che hanno orchestrato la guerra contro l'Iraq.

Durante il periodo di massimo splendore di Jackson, Perle è stato il suo principale consigliere dietro le quinte, indirizzando l'altrimenti "liberale" Jackson verso una posizione conflittuale contro l'allora Unione Sovietica, soprattutto perché il Cremlino - all'epoca - era accusato di essere "antisionista".

L'appoggio del *Times* a Lieberman ricorda le lodi entusiastiche che il reverendo Jerry Falwell - altro fanatico sostenitore di Israele e repubblicano di primo piano - rivolse a Lieberman durante la campagna del 2000, quando quest'ultimo era il compagno di corsa di Al Gore alla vicepresidenza.

Sebbene sia un personaggio strano, l'editore *del Times* Moon è stato a lungo legato agli elementi "neo-conservatori" della lobby statunitense pro-Israele. Non sorprende quindi che il giornale di Moon promuova l'appello alla guerra di Lieberman (e la sua candidatura) nello stesso momento in cui attacca il Vaticano per essersi opposto alla guerra.

CRITICA CRISTIANA AL FANATISMO SIONISTA

Sul lato positivo, vale la pena notare che in America c'è una reazione cristiana contro i sostenitori di Israele dei "tempi della fine" che sono alleati con i "neo-cons". Sebbene ci sia sempre stato un nucleo di fondamentalisti cristiani che ha contestato a

---

[114] *Ibidem.*

gran voce e con coerenza il concetto stesso di "dispensazionalismo", discutendo con i difensori di Israele sull'idea che lo Stato moderno di Israele costituisca l'Israele della Bibbia - tesi che essi rifiutano - questo gruppo è rimasto in gran parte silenzioso, temendo l'ira dei media americani che non tardano ad accusare i critici di Israele di "antisemitismo".

Tuttavia, nell'area di Washington DC, da molti anni, un noto evangelista cristiano di nome Dale Crowley Jr. trasmette regolarmente un forum radiofonico sei volte alla settimana (su WFAX-AM 1220) in cui affronta su la lobby di Israele, i suoi agenti neo-conservatori e le personalità della destra cristiana con cui i neo-conservatori sono alleati.

Recentemente, Crowley ha scritto una "Lettera aperta a Jerry Falwell", pubblicata sul settimanale nazionale *American Free Press*, che condanna severamente Falwell e i suoi compagni di viaggio della destra cristiana per il loro sostegno all'aggressione israeliana contro i musulmani e i cristiani palestinesi.

Cristiano devoto della tradizione fondamentalista, Crowley ha spesso affrontato l'ira della Anti-Defamation League (ADL) del B'nai B'rith per la sua schiettezza, ma non si è mai scoraggiato.

Anche un altro attivista cristiano dell'area di Washington, E. Stanley Rittenhouse, ha sfidato energicamente Falwell e gli elementi pro-sionisti. In un'occasione, Rittenhouse organizzò un picchetto davanti alla chiesa di Falwell, sperando di convincere i seguaci di Falwell dei pericoli per l'America e per la tradizione cristiana di una cieca alleanza con il sionismo e l'imperialismo israeliano.

Un libro affascinante di Rittenhouse, *"Per paura degli ebrei"*, è un'esposizione ben scritta dell'argomento che non risparmia parole.

Il reverendo Theodore Winston "Ted" Pike, originario dell'Oregon, è uno dei più noti critici cristiani dell'alleanza evangelica con il sionismo. Insieme alla moglie Alynn, ha prodotto diversi video di grande rilievo, tra cui *The Other Israel, Why the Mid-East Bleeds* e *Zionism & Christianity: Unholy Alliance,* ognuno dei quali tratta vari aspetti della crisi mediorientale ed è altamente raccomandato.

Inoltre, un numero crescente di altri cristiani - che operano in gran parte indipendentemente dalle chiese organizzate - rifiutano anch'essi il dispensazionalismo e criticano apertamente gli evangelisti tradizionali come Falwell, Pat Robertson, Tim LaHaye e altri. Si tratta dei cosiddetti "preteristi", che sostengono (sulla base di solidi fatti storici) che il dispensazionalismo moderno non è affatto un insegnamento cristiano tradizionale e che si basa in gran parte su una teoria resa popolare all'inizio del XX secolo da un certo Cyrus Scofield. I preteristi accusano il dispensazionalismo di Scofield di essere stato attivamente promosso e finanziato dalla famiglia europea Rothschild proprio allo scopo di promuovere la causa sionista e di favorire la promozione di un ordine mondiale imperiale del tutto simile alle politiche perseguite dagli elementi "neo-conservatori" dell'amministrazione Bush in alleanza con la destra cristiana.

Tra i preteristi più importanti ci sono figure come Don K. Preston e John Anderson, che hanno prodotto un'ampia gamma di documenti e video che mettono in discussione gli insegnamenti e la propaganda dispensazionalista. Preston e John Anderson, che hanno prodotto un'ampia gamma di documenti e video che mettono in discussione gli insegnamenti e la propaganda dispensazionalista. Un altro è lo studioso cristiano di origine siriana Robert Boody, ora orgoglioso cittadino americano, che ha criticato apertamente non solo i dispensazionalisti, ma anche le tendenze decisamente pro-Israele e anti-arabe del governo statunitense.

L'influenza dei preteristi su molti cristiani americani è tale che i leader del movimento dispensazionalista, come Tim LaHaye, stanno lavorando duramente per combattere questo messaggio sempre più influente.

Così, mentre la destra cristiana e i suoi alleati likudnik tra i neo-conservatori sono ora in una posizione di forza, c'è una crescente ribellione nelle file dei buoni cristiani americani che non credono nella guerra e nella distruzione del mondo arabo e musulmano in nome dell'imperialismo sionista, comunque esso appaia.

L'INDUSTRIA DEL TERRORISMO AMERICANO-ISRAELIANO

I media americani non solo promuovono l'alleanza estremista cristiana ed ebraica che sostiene la rete "neoconservatrice", ma danno anche il loro notevole peso agli sforzi dei neoconservatori per mettere gli americani contro il mondo arabo e musulmano.

Per molti anni - molto prima degli attentati dell'11 settembre - i media americani hanno diffuso la paura del "terrorismo" con un messaggio chiaro: gli arabi sono terroristi, o almeno potenziali terroristi.

In realtà, come dimostra il dossier, quando i media si rivolgono a "esperti" per ottenere informazioni sul terrorismo, il più delle volte si rivolgono a fonti con stretti legami con Israele e la sua lobby americana.

Nel 1989, Pantheon Books pubblicò un libro poco conosciuto che dava uno sguardo brutale e rivelatore allo sviluppo e alla crescita di quella che gli autori chiamavano "industria del terrorismo".

In *The 'Terrorism' Industry: The Experts and Institutes That Shape Our View of Terror, il* professor Edward Herman dell'Università della Pennsylvania e il suo coautore, Gerry O'Sullivan, hanno fornito una panoramica esaustiva ed erudita di come potenti interessi privati (sia stranieri che nazionali) abbiano collaborato con le agenzie governative negli Stati Uniti e in tutto il mondo per influenzare il modo in cui il mondo vede il fenomeno del terrorismo moderno.

Sebbene gli autori non si concentrino esclusivamente sul ruolo di Israele e della sua lobby statunitense nell'"industria del terrorismo", dalle loro scoperte, accuratamente documentate, emerge chiaramente che Israele è davvero un attore importante, e lo è stato fin dall'inizio.

IL LEGAME CON KRISTOL - DI NUOVO

Secondo gli autori: "Molti istituti e think tank che sono componenti importanti dell'industria del terrorismo sono nati o si sono sviluppati rapidamente come parte di una grande offensiva aziendale negli anni '70".[115]

Essi sottolineano che uno dei principali organizzatori e raccoglitori di fondi - una potente voce delle pubbliche relazioni dietro questa offensiva corporativa - è stato Irving Kristol, che "è riuscito a mobilitare un'ampia gamma di individui facoltosi, società e fondazioni nell'impresa di raccolta fondi globale". Irving Kristol è, ovviamente, il padre di William Kristol, il principale divulgatore dell'ideologia della rete "neo-conservatrice".

Sfruttando la sua influenza all'interno dei ranghi dell'élite, Kristol senior è stato uno dei principali promotori di un numero crescente di istituzioni che dedicano le loro risorse allo studio del "terrorismo", almeno come Kristol e i suoi collaboratori lo definiscono.

La "guerra al terrore" era quindi parte integrante della visione a lungo termine dei neoconservatori, ben prima dell'11 settembre.

IL LEGAME CON ISRAELE, ANCORA UNA VOLTA

---

[115] Se non diversamente indicato, tutte le seguenti citazioni sono tratte da : Edward Herman e Gerry O'Sullivan. *The "Terrorism" Industry: The Experts and Institutions That Shape Our View of Terror.* (New York: Pantheon Books, 1989).

In *The Terrorism' Industry*, Herman e O'Sullivan evidenziano i legami israeliani di alcune delle istituzioni più note per il loro coinvolgimento attivo nell'analisi e nella spiegazione del terrorismo:

- La neo-conservatrice Heritage Foundation "aiuta a finanziare e si impegna in attività congiunte con istituti in Gran Bretagna e Israele".

- L'Istituto ebraico per gli affari di sicurezza nazionale (JINSA) "è stato organizzato ed è gestito da persone strettamente legate alla lobby israeliana e può essere considerato un'agenzia virtuale del governo israeliano".

- Il Centro per gli studi strategici e internazionali dell'Università di Georgetown comprende noti "esperti" di terrorismo, spesso citati dai media, come Michael Ledeen, Walter Laquer ed Edward Luttwak, che "hanno avuto rapporti molto stretti con Israele e il Mossad".

- L'Istituto per lo Studio del Terrorismo Internazionale della State University di New York ha "ampi legami internazionali con la polizia militare e i servizi di intelligence, nonché con la destra americana, europea e israeliana [che] rispecchiano i legami dello stesso [fondatore Yonah] Alexander".

I MEDIA PROMUOVONO L'"INDUSTRIA DEL TERRORISMO"

Con queste e altre istituzioni che trasmettono "fatti" sul terrorismo al pubblico, i media fanno il loro lavoro, secondo Herman e O'Sullivan, accettando indiscutibilmente le informazioni (o piuttosto la "disinformazione"?) sul terrorismo che l'industria del terrorismo propone:

L'industria del terrorismo produce la "linea" occidentale sul terrorismo e seleziona i "fatti" che la supportano, e i media li diffondono al pubblico. Il processo di trasmissione è fluido, poiché i media trasmettono i messaggi fabbricati senza ulteriori indugi, funzionando essenzialmente come canali.

"I media statunitensi non hanno sollevato alcun dubbio sulle premesse e sull'agenda dell'industria del terrorismo e in genere non riescono nemmeno a filtrare o a correggere gli errori letterali.

Herman e O'Sullivan citano, a titolo di esempio, una serie di quattro articoli sulla "lotta al terrorismo" apparsi sul *New York Times* il 2, 3, 4 e 5 dicembre 1984. Gli autori sottolineano che il *Times* si è basato su funzionari ed esperti israeliani per circa il 20% delle informazioni divulgate. Gli altri intervistati erano per lo più funzionari americani e altri "esperti", ma gli autori non hanno indicato se i funzionari e gli esperti americani inclusi nel rapporto *del Times* avessero legami con Israele e la sua lobby americana.

TERRORISMO SPONSORIZZATO DALLO STATO PER SCOPI POLITICI

Gli autori affermano, sulla base delle loro scoperte, che ci sono buone ragioni per credere che alcuni atti di "terrorismo" siano, in realtà, provocazioni deliberate create per favorire l'agenda di coloro che apparentemente combattono il terrorismo. Scrivono:

> Gli agenti statali, così come quelli di gruppi privati, possono non solo coinvolgere i terroristi in organizzazioni terroristiche, ma anche incitarli a commettere atti terroristici per giustificare l'azione penale. Essi stessi possono commettere atti terroristici - attribuiti ad altri - a scopo di propaganda. Riteniamo che queste azioni abbiano un'importanza considerevole e sottovalutata.

> Non è difficile per gli agenti delle organizzazioni di intelligence far esplodere una bomba o persino uccidere delle persone, o incoraggiare o ingaggiare altre persone per fare queste cose, e poi fare una telefonata rivendicando la responsabilità a nome di una Rete Rossa o di

un'organizzazione palestinese. È un modo semplice per creare l'ambiente morale desiderato e ci sono prove sostanziali che gli Stati si sono spesso impegnati in queste pratiche.

Nel 1955-56 il governo israeliano ha compiuto una serie di attentati terroristici contro strutture americane al Cairo, nella speranza che venissero attribuiti agli egiziani e danneggiassero le relazioni tra Egitto e Stati Uniti. Negli Stati Uniti, l'FBI ha agito a lungo come agente provocatore, incitando alla violenza organizzazioni dissidenti infiltrate e compiendo direttamente atti di violenza, che vengono poi attribuiti agli individui e alle organizzazioni attaccate.

Come hanno sottolineato Herman e O'Sullivan, la questione del "terrorismo" è molto più complessa di quanto sembri. Per questo motivo gli americani devono essere particolarmente cauti nei confronti dei resoconti dei media sul "terrorismo" ed esaminare attentamente chi c'è dietro.

STEVEN EMERSON - SPECIALISTA DELLA DISINFORMAZIONE

Vale la pena di esaminare un "esperto" di terrorismo spesso citato dai media. Si tratta di Steven Emerson - che si dice sia ebreo, anche se non lo ammette, almeno non pubblicamente - che compare spesso nei media americani.

I suoi critici lo hanno etichettato come un "fanatico odiatore di arabi e musulmani", cosa che chiaramente è. Il giornalista indipendente John Sugg ha riassunto le attività di Emerson sottolineando i suoi legami con Israele

Uno sguardo più attento alla carriera di Emerson suggerisce che la sua priorità non era tanto l'informazione quanto l'attacco incessante agli arabi e ai musulmani...

Emerson si è fatto un nome all'inizio degli anni Novanta. Ha pubblicato libri e articoli, ha prodotto un documentario, ha vinto premi ed è stato spesso citato. I media, Capitol Hill e gli accademici gli prestarono attenzione...

Con l'aumentare della fama di Emerson, aumentarono anche le critiche. Il libro di Emerson, *The Fall of Pan Am 103*, è stato criticato *dalla Columbia Journalism Review*, che nel luglio 1990 ha osservato su che alcuni passaggi "presentano una sorprendente somiglianza sia nella sostanza che nello stile" con gli articoli del *Post-Standard* di Syracuse, New York. I giornalisti del giornale di Syracuse hanno raccontato a chi scrive di aver messo Emerson alle strette durante una conferenza degli Investigative Reporters and Editors e di averlo costretto a scusarsi.

Una recensione del *New York Times* (19.5.1991) del suo libro *Terrorism* (1991) lo ha criticato perché "inficiato da errori fattuali... e da pervasivi pregiudizi anti-arabi e anti-palestinesi". Il suo video per la PBS del 1994, *Jihad in America* (11/94), è stato criticato per bigottismo e travisamento - il giornalista veterano Robert Friedman (*The Nation*, 5/15/95) ha accusato Emerson di "creare isteria di massa contro gli arabi americani".

... "È un veleno", dice lo scrittore investigativo Seymour Hersh, quando gli si chiede come Emerson sia percepito dai colleghi giornalisti.... [Emerson] ha ottenuto un successo nel novembre 1996 sul *Pittsburgh Tribune-Review* (11/3/96), di proprietà del sostenitore di destra di Clinton Richard Mellon Scaife, che ha anche finanziato in parte *la Jihad in America*.

Dato il patrocinio di Scaife, non sorprende che Emerson abbia affermato che i simpatizzanti dei terroristi musulmani frequentano la Casa Bianca. Emerson aveva pubblicato un commento simile tre mesi prima sul *Wall Street Journal* (8/5/96), una delle poche uscite regolari dello scrittore...

Poiché le responsabilità di Emerson sono state riconosciute, egli ha ceduto il suo megafono a compagni di viaggio meno controversi. Gli agenti federali in pensione Oliver "Buck" Revell e Steve Pomerantz, che gestiscono una società di sicurezza, hanno fatto eco alle parole di Emerson in un articolo del *Washington Post* del 31 ottobre, mettendo in guardia da cospirazioni e organizzazioni di facciata...

Revell riconosce anche che un altro membro della confraternita è Yigal Carmon, un comandante dei servizi segreti israeliani di destra che ha approvato l'uso della tortura (*Washington Post*, 5/4/95) e che ha soggiornato nell'appartamento di Emerson a Washington durante i viaggi per fare pressione sul Congresso contro le iniziative di pace in Medio Oriente (*The Nation*, 5/15/95).

Vince Cannistraro, consulente ABC ed ex capo dell'antiterrorismo della CIA, dice degli alleati di Emerson, Pomerantz, Revell e Carmon: "Sono finanziati da Israele. Come faccio a saperlo? Perché hanno cercato di reclutarmi". Revell nega l'affermazione di Cannistraro, ma rifiuta di parlare delle finanze del suo gruppo.

Il finanziamento di Emerson non è chiaro. Ha ricevuto finanziamenti da Scaife. Alcuni critici di Emerson sospettano il sostegno di Israele. Il *Jerusalem Post* (17/9/94) ha osservato che Emerson ha "stretti legami con l'intelligence israeliana".

"Porta la palla per il Likud", dice il giornalista investigativo Robert Parry, riferendosi al partito di destra al potere in Israele. Victor Ostrovsky, che ha disertato dall'agenzia di intelligence israeliana Mossad e ha scritto libri che ne hanno rivelato i segreti, chiama Emerson "il corno", perché dà voce alle affermazioni del Mossad.[116]

IL "NONNO" DEL FANATISMO ANTI-ARABO

Emerson, tuttavia, non è l'unico beniamino dei media a essere considerato un "esperto" di terrorismo e mondo arabo. Più importante di Emerson - e certamente più "rispettato" nel senso classico del termine - è l'anziano professore dell'Università di Princeton Bernard Lewis.

Sebbene Lewis sia ebreo e suo figlio sia attivo nell'AIPAC, la lobby israeliana di Washington, entrambi questi dettagli sono raramente - se non mai - menzionati dai media, che fanno un gran parlare di Lewis e promuovono i suoi libri e le sue conferenze, tra cui, in particolare, il suo recente libro, *What Went Wrong*, un attacco feroce alla storia dei popoli arabi e musulmani. In realtà, Lewis è una voce molto apprezzata - anche se di parte - del movimento neo-conservatore.

Entrando in quello che l'autrice descrive come "il mondo contorto di Bernard Lewis", Anis Shivani ha riassunto la visione del mondo di Lewis, caratterizzata dall'odio per gli arabi e i musulmani:

> È stato Lewis a coniare l'odiosa espressione "scontro di civiltà" nel suo superbo articolo dell'*Atlantic* Monthly del settembre 1990 intitolato "Le radici della rabbia musulmana". L'articolo fu pubblicato dopo la caduta del Muro di Berlino e preparava l'identificazione del nuovo nemico.

---

[116] John F. Sugg, *Fair EXTRA*, gennaio/febbraio 1999, www.fair.org/extra/9901/emerson.html

In questo articolo, Lewis rifiuta tutte le spiegazioni ovvie - i fallimenti della politica statunitense, ad esempio - e cerca "qualcosa di più profondo" che "rende ogni problema intrattabile", senza identificare quale possa essere questo qualcosa di più profondo. Rifiuta l'imperialismo come spiegazione della "rabbia" e dell'"umiliazione", suggerendo che l'antimperialismo ha una connotazione religiosa [musulmana].

In libri come *Gli arabi nella storia* (1950), *L'emergere della Turchia moderna* (1961), *Semiti e antisemiti* (1986), *Gli ebrei dell'Islam* (1984) e *L'Islam e l'Occidente* (1993), Lewis ha elencato quelle che considera le patologie incurabili del mondo islamico nel suo stato di umiliazione sospesa.[117]

Ironicamente, Shivani sottolinea che, nonostante la sua reputazione di studioso di ampio respiro, la premessa di Lewis poggia su una base piuttosto limitata:

Nel suo nuovo libro, Lewis inizia il suo resoconto di "ciò che è andato storto" con l'inizio delle battute d'arresto militari ottomane nel XVI secolo e in quelli successivi.

L'interpretazione che Lewis dà dell'Islam è fortemente ottomana, trattando poco la sostanza delle civiltà dell'Asia meridionale, del Sud-Est asiatico, dell'Asia centrale, della Persia o del Nord Africa, eppure estrapola l'intero mondo dell'Islam attraverso i secoli.[118]

---

[117] Anis Shivani, articolo pubblicato sulla rivista *Counterpunch* all'indirizzo counterpunch.org, 14-15 settembre 2002.

[118] *Ibidem.*

Notando la profonda propensione di Lewis a ignorare tutti i notevoli risultati e la storia del mondo arabo e musulmano, Shivani conclude:

> Questo è il modello secondo il quale gli americani sono pronti all'assalto finale contro coloro che sono abbastanza sciocchi da pensare che possa esistere un'alternativa al modello americano.

> Tutti i tentativi di modernizzazione dei musulmani hanno solo aumentato il potere tirannico dello Stato; la conclusione è che devono essere spogliati del loro potere e lasciati nell'indigenza. [119]

Nonostante l'evidente pregiudizio - o forse proprio per questo - Lewis ha svolto un ruolo chiave dietro le quinte nell'influenzare le politiche dell'amministrazione Bush che hanno portato all'aggressione all'Iraq. Il 5 aprile 2003, *il New York Times* ha descritto il libro incendiario di Lewis, *What Went Wrong*, come un libro che ha esercitato una grande influenza sul pensiero dell'amministrazione Bush, in particolare del vicepresidente Dick Cheney.

BERNARD LEWIS E IL SOGNO IMPERIALE

Il Times ha anche rivelato che, ancor prima degli attacchi terroristici dell'11 settembre, Lewis aveva partecipato in modo determinante a uno studio poco conosciuto sponsorizzato dal Segretario alla Difesa Donald Rumsfeld e dal suo vice, Paul Wolfowitz, che esaminava gli antichi imperi per "capire come avessero mantenuto il loro dominio".[120]

---

[119] *Ibidem.*

[120] *New York Times*, 5 aprile 2003.

In particolare, il *Times* non si è affrettato a spiegare ai lettori americani perché i rappresentanti del loro governo - un regime che deve affrontare numerosi problemi interni, come l'analfabetismo, la disoccupazione, il declino delle infrastrutture, la povertà e le malattie - dovrebbero essere interessati alle quotidiane macchinazioni storiche di antichi imperi.

Tuttavia, il fatto che a Lewis sia stata chiesta una consulenza su un tema del genere indica la direzione in cui i "neoconservatori" si stavano dirigendo, ben prima della tragedia dell'11 settembre che ha dato loro il pretesto per agire.

Per evitare qualsiasi dubbio sul fatto che il punto di vista di Lewis sia solo uno dei tanti presi in considerazione dall'amministrazione Bush, si noti ciò che il principale ideologo imperialista "neoconservatore" dell'amministrazione Bush, Paul Wolfowitz, ha detto con ammirazione di Lewis via satellite in occasione di un tributo a Lewis tenutosi in Israele:

> Bernard Lewis ha brillantemente collocato le relazioni e i problemi del Medio Oriente nel loro contesto più ampio, con un pensiero veramente obiettivo, originale e sempre indipendente. Bernard ci ha insegnato come comprendere la complessa e importante storia del Medio Oriente e come utilizzarla per guidarci nel nostro cammino verso per costruire un mondo migliore per le generazioni future.[121]

Lamis Andoni, giornalista veterana che ha coperto il Medio Oriente per circa vent'anni per un'ampia gamma di pubblicazioni, ha fornito una visione particolarmente preziosa della carriera di Lewis come sostenitore del nuovo imperialismo. La Andoni osserva che "Lewis non solo ha fornito una giustificazione storica

---

[121] Citato da Lamis Andoni, in "Bernard Lewis: In the Service of Empire" pubblicato online su *The Electronic Intifada*, 16 dicembre 2002 (vedi electronicIntifada.net).

alla "guerra al terrorismo" di Washington, ma si è anche affermato come il principale ideologo della ricolonizzazione del mondo arabo attraverso l'invasione statunitense dell'Iraq".[122] Andoni riassume il dubbio contributo di Lewis all'amicizia e alla cooperazione internazionale

> Il lavoro di Lewis, in particolare il suo libro *What Went Wrong: Western Impact and Middle Eastern Response*, è stato una fonte importante in quello che è praticamente un manifesto per i sostenitori dell'intervento militare statunitense per "stabilire la democrazia in Medio Oriente". Dichiarando che i popoli del Medio Oriente, cioè gli arabi e gli iraniani, non sono riusciti a mettersi al passo con la modernità e sono caduti in "una spirale discendente di odio e rabbia", Lewis ha scagionato le politiche imperiali statunitensi e ha fornito un imperativo morale per le dottrine del presidente George W. Bush di "attacchi preventivi" e "cambio di regime".
>
> In realtà, secondo le notizie pubblicate e le sue stesse dichiarazioni, Lewis ha partecipato all'attività di lobbying, allo sviluppo e alla promozione delle politiche più dure dell'amministrazione Bush a favore di Israele contro i palestinesi e all'uso aggressivo della forza militare statunitense nella regione.
>
> La sua influenza non è solo il risultato della sua statura accademica e dei suoi prolifici scritti sull'Islam, ma è soprattutto il risultato della sua appartenenza a un'alleanza di neo-conservatori e di sionisti della linea dura che sono arrivati a occupare posizioni chiave all'interno dell'amministrazione Bush.

---

[122] *Ibidem.*

Il 19 febbraio [1998], i rappresentanti dell'alleanza, tra cui Lewis, [il futuro segretario alla Difesa statunitense Donald] Rumsfeld [e il suo futuro vicesegretario alla Difesa, Paul] Wolfowitz e altri, firmarono una lettera che esortava il presidente Bill Clinton a lanciare un'offensiva militare, che avrebbe incluso bombardamenti su vasta scala, per distruggere il regime iracheno.

Lewis fornisce una copertura "accademica" a una lobby che sostiene apertamente il ridisegno della mappa regionale per eliminare "la minaccia araba a Israele". Lewis vede inoltre Israele e la Turchia come gli unici veri Stati-nazione della regione e prevede la scomparsa e la disintegrazione degli Stati arabi dopo la Guerra del Golfo. Lewis, che ha lavorato per i servizi segreti britannici durante la Seconda guerra mondiale, non è solo un nostalgico di un'epoca passata, ma si è messo al servizio del nuovo impero americano, sperando che prenda il posto di quello britannico e francese.[123]

L'americano medio che vede un personaggio come Bernard Lewis promosso dai media non ha idea che questo "simpatico vecchietto" - che assomiglia al nonno di qualcuno - è in realtà uno dei principali istigatori del più feroce tipo di razzismo e odio religioso immaginabile, e i media mainstream non lo riveleranno mai, almeno non in America.

LO STRANO CASO DI JARED TAYLOR

A un livello molto più basso e certamente meno pubblicizzato, alcuni elementi si sono uniti ai ranghi dell'élite "neo-

---

[123] *Ibidem.*

conservatrice" per promuovere l'odio anti-arabo e anti-musulmano.

Mentre molti americani appartenenti alla cosiddetta "estrema destra" - da non confondere con il movimento "neoconservatore" che ruota attorno a Richard Perle e William Kristol e ai loro alleati come Steven Emerson e Bernard Lewis - sono fortemente antisionisti o apertamente antiebraici, ci sono una manciata di altre organizzazioni cosiddette "di destra" che condividono il fanatismo anti-musulmano e anti-arabo dei neoconservatori ebrei.

Ad esempio, c'è una persona piuttosto importante che, sebbene spesso etichettata come "razzista" dai media, ha comunque evitato attivamente di criticare Israele ed è un nemico dichiarato degli immigrati arabi e musulmani in America. Si tratta di Jared Taylor.

Direttore di una pubblicazione nota come *American Renaissance*, Jared Taylor è considerato da molti dei suoi critici una risorsa della CIA.

I critici notano non solo che si è laureato a Yale, da sempre terreno di reclutamento della CIA, ma anche che è stato attivo e di successo negli affari e nella finanza in Estremo Oriente. Inoltre, un libro scritto da Taylor - *Paved With Good Intentions* - *in cui si afferma* che i neri americani sono inferiori ai bianchi, è stato acclamato da *Commentary*, la voce neoconservatrice dell'American Jewish Committee, diretta da Norman Podhoretz, anch'egli legato ad attività finanziate dalla CIA fin dagli anni Cinquanta.

I legami di Taylor con la rete dei "neo-conservatori" e con l'élite di New York sono quindi molto solidi.

E visto l'impatto che Taylor sta avendo in alcuni circoli americani "di destra" apparentemente indipendenti dall'élite "neoconservatrice" - come il cosiddetto "Consiglio dei cittadini conservatori" di cui è direttore - è chiaro che la voce di Taylor viene ascoltata e sta avendo un impatto. A un certo punto, il

Consiglio dei cittadini conservatori di Taylor ha pubblicato un articolo sul suo sito web in cui attaccava "gli arabi e i musulmani sporchi e marci".

Gli atti dimostrano che Taylor ha una lunga storia di attacchi agli arabi e ai musulmani. Già nel novembre 1993 - quasi un decennio fa, molto prima delle diffuse tendenze anti-musulmane in America fomentate dai media mainstream, in particolare sulla scia degli attacchi terroristici dell'11 settembre 2001 - la rivista *American Renaissance* di Taylor pubblicò un articolo intitolato "L'ascesa dell'Islam in America", in cui si affermava che "l'Islam si trova in una pericolosa intersezione tra la razza e l'immigrazione", e si affermava:

> L'Islam, nelle sue varie forme, si trova all'incrocio delle due politiche americane più dogmatiche e autodistruttive: l'immigrazione e le relazioni razziali. L'importazione di fanatici bruni pronti a uccidersi a vicenda - e a noi - per oscuri conflitti nel Levante è pura idiozia. Non ci siamo accorti che i popoli del Medio Oriente non combattono solo nei loro Paesi, ma anche in Europa, per risolvere le loro controversie? Importare fanatici che venerano lo stesso dio dei musulmani neri è un'idiozia su trampoli.[124]

Una festa dell'odio anti-musulmano sponsorizzata da Taylor nell'area di Washington, D.C., durante il fine settimana del 22 febbraio 2002, ha sollevato un'ombra sulle intenzioni segrete di Taylor. *L'American Free Press*, con sede a Washington, ha riportato quanto segue:

> Se foste entrati nella recente conferenza di Jared Taylor all'American Renaissance, avreste potuto pensare di essere a un raduno pro-Israele, tanto era pervasiva la retorica anti-musulmana. L'approccio di Jared Taylor, sedicente "in

---

[124] American Renaissance, *novembre 1993.*

città", riecheggia il tema della propaganda israeliana secondo cui la religione islamica è stata la causa principale della tragedia dell'11 settembre, non la politica mediorientale pro-Israele dell'America.

Uno dei partecipanti all'incontro, il giovane Bill White, ha descritto la riunione di Taylor sul suo sito web (White) overthrow.com. Pur trovando l'evento interessante, White - un dichiarato antisionista - afferma che ciò che lo ha maggiormente turbato è stato "il taglio decisamente anti-nero e anti-musulmano della conferenza".

L'attenzione si è concentrata sull'Islam e sui neri e su come questi siano malvagi e minacciosi, senza una sola parola sugli ebrei e sulla loro influenza in politica. Tutti gli oratori non hanno affrontato la questione sionista-israeliana, o lo hanno fatto in termini filosemiti adulatori, falsi e ridicoli". Secondo White, tutti gli oratori della conferenza di Taylor, tranne uno su, erano anti-neri e anti-musulmani.[125]

Forse in linea con la sua posizione decisamente anti-musulmana, Taylor aveva già invitato un rabbino filo-sionista di New York, Meyer Schiller, come oratore principale in una precedente conferenza.

The Forward, una delle principali pubblicazioni ebraiche americane, afferma che Schiller riferisce che la sua influenza su Taylor ha contribuito a promuovere sentimenti positivi per la causa ebraica americana da parte di Taylor, e quindi a stimolare altri americani che seguono gli insegnamenti di Taylor a pensare in modo simile.

Anche se, dopo essere stato ampiamente criticato da molti dei suoi collaboratori, Taylor ha avanzato l'ipotesi che la politica

---

[125] *American Free Press*, 11 marzo 2002.

degli Stati Uniti nei confronti di Israele e del mondo arabo possa aver stimolato gli attacchi terroristici dell'11 settembre, non ha smesso di attaccare gli immigrati musulmani, facendo il gioco della causa sionista.

Ironia della sorte, sebbene Taylor abbia speso molte energie per attaccare i musulmani, il suo più caro amico e compagno politico di lunga data Mark Weber corteggia assiduamente il mondo musulmano presentandosi come "antisionista", il che porta alcuni a mettere in dubbio la vera natura dell'agenda Taylor-Weber.

Weber è oggi noto soprattutto per aver fatto parte di un piccolo gruppo che, sotto la direzione di un noto agente della CIA di lungo corso, Andrew E. Allen, ha orchestrato la distruzione di *The Spotlight*, all'epoca l'unico giornale americano indipendente che sollevava regolarmente e vigorosamente questioni sulla politica squilibrata degli Stati Uniti nei confronti di Israele e del mondo arabo e musulmano.

Taylor e la sua banda sono quindi parte integrante di un vasto sforzo malevolo per diffamare i popoli arabi e musulmani, e la verità è che il loro impatto si fa sentire in un momento critico in cui la lobby sionista ritiene fondamentale avere i suoi "agenti" anche all'interno dei gruppi più piccoli - ma comunque leggermente influenti - in America.

Queste persone usano la loro influenza (per quanto piccola) per far sì che gli americani e gli altri occidentali favoriscano Israele attaccando gli arabi e i musulmani, il che è fondamentale per gli obiettivi imperiali di Israele, di concerto con i manipolatori neo-conservatori che attualmente dominano la politica estera degli Stati Uniti.

L'11 SETTEMBRE È STATO IL "NUOVO PORTO DI PERLE"

Il 12 dicembre 2002, il giornalista John Pilger ha descritto in termini inquietanti sul *New Statesman* come il Project for the New

American Century di William Kristol abbia stabilito che l'America ha bisogno di una "nuova Pearl Harbor" come pretesto per intraprendere una corsa al dominio del mondo. Il tema proposto da Kristol e dai suoi collaboratori era che se si fosse verificato un evento catastrofico del genere, l'America avrebbe avuto l'opportunità di costruire nuovamente le proprie forze militari.

Il 3 giugno 1997 - tre anni prima che George W. Bush diventasse presidente e installasse i neoconservatori al potere - una serie di neoconservatori, tra cui Donald Rumsfeld, Dick Cheney e Paul Wolfowitz, hanno firmato una "dichiarazione di principi" pubblicata dall'organizzazione di Kristol.

La dichiarazione si prefiggeva l'obiettivo di rafforzare il potere militare statunitense per garantire che gli Stati Uniti potessero perseguire la loro egemonia globale, senza essere ostacolati da qualsiasi nazione o nazioni che avessero osato opporsi all'agenda dell'élite dominante statunitense - indiscutibilmente una dichiarazione di obiettivi imperiali.

Una bozza successiva - datata settembre 2000 - del Project for the New American Century di Kristol, intitolata "Rebuilding America's Defenses: Strategies, Forces and Resources for a New Century" (Ricostruzione delle difese americane: strategie, forze e risorse per un nuovo secolo), esponeva un piano per l'assunzione da parte degli Stati Uniti del controllo militare della regione del Golfo, indipendentemente dal fatto che Saddam Hussein rimanesse o meno al potere. Egli affermò francamente che la necessità per gli Stati Uniti di avere una presenza nel Golfo Persico (cioè nel Golfo Arabico) trascendeva la questione della permanenza o meno di Saddam Hussein al potere.

Per realizzare questo sogno, Kristol e i suoi collaboratori affermano che gli Stati Uniti devono essere pronti a combattere in molti luoghi, allo stesso tempo, in tutto il mondo. Per raggiungere questa capacità, sostengono, l'America deve intraprendere una grande trasformazione delle proprie forze armate, accompagnata da un massiccio accumulo di armi.

Tuttavia, concludono, "il processo di trasformazione sarà probabilmente lungo, in assenza di un evento catastrofico e catalizzante, come una nuova Pearl Harbor".

Dato che i tragici eventi dell'11 settembre 2001 sono stati proprio la "nuova Pearl Harbor" che ha innescato un massiccio accumulo di potere, accompagnato dalla "guerra al terrore" che si è trasformata - sotto l'influenza dei neoconservatori - in una guerra imperiale, che ha preso di mira prima l'Iraq e poi il resto del mondo arabo e musulmano, molti americani e non solo si chiedono se gli attacchi dell'11 settembre non siano stati fomentati e/o sponsorizzati dagli Stati Uniti e/o dal governo di Israele, che hanno agito insieme o da soli. Nonostante i fatti, queste persone vengono denunciate come "teorici della cospirazione" e/o "fomentatori di odio".

(Il rapporto speciale dell'*American Free Press* [AFP], intitolato "Fifty Unanswered Questions About 9-11" (Cinquanta domande senza risposta sull'11 settembre), contiene una grande quantità di informazioni a questo proposito, che non sono state menzionate dai principali media statunitensi, il che è piuttosto notevole. Il lavoro del corrispondente internazionale dell'AFP, Christopher Bollyn, è stato spesso citato come uno dei più schietti nel contestare la storia ufficiale del governo statunitense su ciò che accadde in quel tragico giorno).

UNO SCENARIO PER CREARE TERRORISMO

Molti americani che sospettano un simile scenario sottolineano che esistono prove del fatto che, negli ultimi anni, i funzionari statunitensi hanno pensato seriamente alla possibilità di commettere atti di terrorismo sul suolo americano. Il libro più spesso citato è quello del veterano e rispettato giornalista James Bamford, *Body of Secrets*, pubblicato nel 2001, poco prima degli attacchi dell'11 settembre.

In questo libro, Bamford ha rivelato che, già nel gennaio 1961, i principali politici statunitensi stavano valutando un terribile piano per lanciare attacchi terroristici contro i cittadini americani e incolpare la Cuba comunista di Fidel Castro.

Sebbene il libro di Bamford abbia ricevuto una certa copertura mediatica, le sue scioccanti rivelazioni sulla campagna di terrore proposta dall'allora presidente dello Stato Maggiore, il generale dell'esercito Lyman Lemnitzer, sono state ampiamente ignorate.

Lemnitzer, che si dice sia ebreo, è diventato membro del comitato neo-conservatore Current Danger Committee, il gruppo che sostiene pubblicamente le politiche proposte dall'esperimento del Team B di Richard Perle, descritto in precedenza in queste pagine. Comunque, ecco cosa ha scritto Bamford

> Secondo i documenti ottenuti per *Body of Secrets*, Lemnitzer e lo Stato Maggiore proposero segretamente di organizzare un attacco alla base navale statunitense di Guantanamo Bay, a Cuba, e di incolpare Castro per questa azione violenta. Convinta che Cuba avesse lanciato un attacco immotivato contro gli Stati Uniti, l'opinione pubblica americana avrebbe così inconsapevolmente sostenuto la sanguinosa guerra condotta dagli Stati Maggiori nei Caraibi. Dopo tutto, chi crederebbe alle smentite di Castro piuttosto che alla parola dei massimi comandanti militari del Pentagono? Ai più alti ufficiali militari del Paese è stato chiesto di lanciare una guerra, che senza dubbio avrebbe ucciso molti militari americani, sulla sola base di un tessuto di bugie. Il 19 gennaio, poche ore prima che il Presidente Dwight Eisenhower lasciasse il suo incarico, Lemnitzer approvò la proposta. Con l'evolversi degli eventi, il piano divenne solo la punta di un iceberg molto grande e molto segreto.[126]

---

[126] James Bamford, *Il corpo dei segreti*. (New York: Doubleday, 2001), p. 71.

Descrivendosi come un "pianificatore fantasioso", Lemnitzer
tenne il suo piano iniziale in riserva. Tuttavia, dopo il fiasco della
Baia dei Porci della nuova amministrazione Kennedy, che rese
Fidel Castro più forte che mai, Lemnitzer rilanciò il suo progetto
come "Operazione Northwoods". Bamford riferisce che:

> Il piano, che aveva l'approvazione scritta del Presidente e
> di tutti i membri dello Stato Maggiore, prevedeva
> l'uccisione di persone innocenti nelle strade americane,
> l'affondamento in alto mare di imbarcazioni che
> trasportavano rifugiati in fuga da Cuba e lo scatenarsi di
> un'ondata di terrorismo violento a Washington, D.C.,
> Miami e altrove. Le persone verrebbero accusate di aver
> commesso attentati che non hanno commesso; gli aerei
> verrebbero dirottati. Utilizzando prove false, tutto questo
> sarebbe stato imputato a Castro, dando a Lemnitzer e alla
> sua cabala la scusa e il sostegno pubblico e internazionale
> di cui avevano bisogno per lanciare la loro guerra.[127]

Ciò che è ancora più preoccupante è che non si tratta di un
progetto inverosimile di "bombardieri pazzi" dell'esercito.
Secondo Bamford, "l'idea potrebbe essere stata lanciata dal
Presidente Eisenhower negli ultimi giorni della sua
amministrazione".[128]

Bamford riferisce che Eisenhower era determinato a invadere
Cuba e che se Castro non avesse fornito una scusa prima
dell'insediamento del neoeletto presidente John F. Kennedy,
Eisenhower suggerì che gli Stati Uniti "avrebbero potuto pensare

---

[127] *Ibid.* p. 82.

[128] *Ibidem.*

di produrre qualcosa che sarebbe stato generalmente accettabile".[129]

Quello che Eisenhower stava suggerendo, scrive Bamford, era "un bombardamento, un attacco, un atto di sabotaggio condotto segretamente contro gli Stati Uniti dagli Stati Uniti. Il suo scopo sarebbe stato quello di giustificare lo scoppio della guerra. Era un suggerimento pericoloso da parte di un Presidente disperato".[130] Lemnitzer, il pupillo di Eisenhower, era ansioso di mettere in atto il piano.

Lemnitzer aveva anche in mente la possibilità di un terrorismo sul suolo americano, perpetrato da americani contro americani, ma imputato a Castro. Questa cospirazione terroristica contro i suoi concittadini fu sollevata anche da Lemnitzer e dai suoi consiglieri, che suggerirono quanto segue:

> Potremmo sviluppare una campagna di terrore comunista cubano nell'area di Miami, in altre città della Florida e persino a Washington. La campagna di terrore potrebbe prendere di mira i rifugiati cubani che cercano rifugio negli Stati Uniti.... Potremmo affondare una nave cubana in rotta verso la Florida (reale o simulata).... Potremmo incoraggiare tentativi di assassinio di rifugiati cubani negli Stati Uniti, anche ferendo persone in casi che verrebbero ampiamente pubblicizzati.[131]

Vennero suggeriti attacchi con bombe e, in particolare, dirottamenti di aerei. Non si sa se le proposte di Lemnitzer raggiunsero il Presidente Kennedy, scrive Bamford, ma è chiaro che il Presidente non era innamorato del generale guerrafondaio

---

[129] *Ibidem*, p. 83.

[130] *Ibidem*.

[131] *Ibidem*, pp. 84-85.

a cui aveva rifiutato un secondo mandato come Presidente dello Stato Maggiore.

Tuttavia, seguendo le orme di Lemnitzer, gli "intellettuali" dell'establishment della difesa hanno continuato a formulare piani, trasmessi ai vertici militari, per provocare una guerra attraverso un attacco terroristico inscenato. Alla fine, però, nessun piano del genere sembra essere andato oltre la fase di pianificazione, almeno per quanto riguarda Cuba.

Ci si chiede se l'11 settembre 2001 sia stato realizzato un altro progetto così insidioso. Molti americani continueranno a chiedersi se è proprio questo che è successo, e continuano a emergere prove che lo suggeriscono.

SI STA GIOCANDO UNA PARTITA MOLTO PIÙ GRANDE

Già nel 1975, politici imperialisti di primo piano come Henry Kissinger vedevano in una potenziale guerra in Medio Oriente un mezzo per stabilire un egemone imperiale globale.

In realtà, lo scenario sembra suggerire che l'intero conflitto arabo-israeliano per la Palestina sia stato avviato, fin dall'inizio, con l'obiettivo specifico di scatenare una guerra mondiale.

Questo scenario rivelatore è stato presentato nei sorprendenti (e probabilmente poco letti) paragrafi finali di un libro del 1975 a lungo dimenticato, *The Arabs: Their History, Aims and Challenge to the Industrialized World*, di Thomas Kiernan, uno scrittore americano filo-sionista.

Sebbene Kiernan non abbia fatto il nome dell'alto politico che ha delineato questo sorprendente piano geopolitico, ha descritto la persona che afferma questa visione del mondo come "un alto funzionario del Dipartimento di Stato americano che ha svolto un ruolo centrale negli sforzi di mediazione di Henry Kissinger negli ultimi due anni".

Questa descrizione, naturalmente, potrebbe includere lo stesso Kissinger e, in effetti, l'oratore era probabilmente Kissinger. In caso contrario, l'oratore rifletteva certamente il pensiero di Kissinger in quanto protagonista delle sue macchinazioni globali.

Rispondendo a una domanda di Kiernan sulla possibilità di risolvere il conflitto in Medio Oriente senza una guerra mondiale, l'oratore (forse Kissinger) ha detto:

> L'evoluzione degli eventi in Medio Oriente nel corso di questo secolo può essere paragonata alla costruzione, se riuscite a immaginarla, di una piramide rovesciata.

> Il vertice, che nel caso di una tale piramide risulta essere la sua base, è stato formato dall'inevitabile conflitto tra i

bisogni e le ambizioni dei sionisti stranieri da un lato, e l'orgoglio e l'aspirazione degli arabi locali dall'altro.[132]

Si noti che l'oratore ammette che il conflitto derivante dall'inserimento dello Stato sionista nel territorio arabo della Palestina era "inevitabile". Alcuni hanno sostenuto per una generazione che questo era lo scopo della creazione provocatoria di Israele. Ha continuato:

> Man mano che la piramide cresceva, le pietre di ogni piano successivo si arricchivano di altri elementi: le passioni e i bisogni di altri interessi stranieri, le passioni e le aspirazioni di altri gruppi nazionali all'interno del mondo arabo. Ogni piano successivo ha risucchiato altri elementi del mondo. Oggi la piramide è completa. Ed eccola lì, in equilibrio incongruo sulla punta, con i quattro lati che si estendono verso l'alto e verso l'esterno in ogni angolo del mondo.[133]

In altre parole, la crisi in Medio Oriente ha iniziato a coinvolgere il resto delle nazioni del mondo, come accade oggi con la lotta in corso tra gli Stati Uniti e gli alleati tradizionali come Francia e Germania, per non parlare dell'opposizione di Russia e Cina, sulla questione della guerra contro l'Iraq - un'emanazione dello stesso conflitto israelo-palestinese. Lo scenario descritto continua

> Sappiamo tutti che è impossibile per una piramide stare in piedi liberamente a testa in giù. Finora è stata sostenuta ai quattro angoli dal resto del mondo.

---

[132] Thomas Kiernan. *Gli arabi* (Boston: Little Brown & Company, 1975), p. 425.

[133] *Ibidem*.

Sebbene a volte si sia ribaltato in modo precario, è riuscito a rimanere più o meno in piedi. Ma lo sforzo per tenerlo in piedi ha messo sempre più a dura prova chi lo sosteneva.

Le tensioni si risolvono in due modi, ci dicono i nostri psicologi. Uno è l'esplosione. L'altro è il ritiro. Il meccanismo di lotta o fuga che fa parte del sistema di reazione di ogni essere umano.

Ora ditemi voi. Il problema sarà risolto pacificamente? O ci vorrà una guerra mondiale per risolverlo

Se la mia analogia è corretta, il risultato finale non può essere messo in discussione.[134]

In altre parole, dal conflitto israelo-arabo deve scaturire una guerra mondiale. Lo scenario continua:

In ogni caso, sia che una parte o l'altra allenti il proprio sostegno alla piramide e si ritiri, sia che una parte o l'altra scelga di eliminare la propria tensione scagliandosi contro di essa, la piramide perderà l'equilibrio e crollerà.

In un modo o nell'altro, la soluzione della situazione emergerà dalla polvere e dalle macerie della piramide che ha fatto crollare. Il conflitto arabo-israeliano, che è alla base di tutto, sarà dimenticato.[135]

Ancora una volta, si suggerisce che il conflitto arabo-israeliano è al centro della guerra mondiale descritta in questo spaventoso scenario. La sceneggiatura concludeva:

---

[134] *Ibidem*, p. 426.

[135] *Ibidem*.

L'Est e l'Ovest dovranno accontentarsi degli avanzi, come le poiane che si nutrono di carogne. Sempre che Est e Ovest esistano ancora.[136]

Si notino le parole finali: "se c'è ancora un Est e un Ovest". Quali nazioni saranno alleate come "Est" e quali come "Ovest"

Stanno prendendo forma nuovi allineamenti, che sostituiscono la tradizionale era della Guerra Fredda "USA contro URSS"

Il mondo arabo - come il resto dell'umanità - è solo una pedina di un gioco molto più grande di cui i neo-conservatori sono solo gli strumenti

L'esito finale della ricerca dell'impero globale, dettata dal potere militare americano nelle mani di pochi privilegiati, una cricca di falchi della guerra neo-conservatori, i "sommi sacerdoti della guerra", resta da vedere. Tuttavia, da quello che abbiamo visto finora, molto sangue è stato versato e continuerà ad essere versato.

La disastrosa avventura americana in Iraq è solo all'inizio. Da quando George W. Bush ha dichiarato la "vittoria" in Iraq, le cose sono solo peggiorate. L'effimero trionfo dell'America di si è trasformato in una disfatta in stile Vietnam, e i sacchi per i cadaveri continuano a tornare a casa.

Il mito neo-conservatore delle "armi di distruzione di massa" di Saddam è stato da tempo dichiarato la menzogna che i ben informati sapevano essere. Molti americani di rango si rendono conto che il pretesto per la guerra contro l'Iraq non era altro che una menzogna e una propaganda di vecchio stampo, pura e semplice.

---

[136] *Ibidem.*

La verità è che il Presidente degli Stati Uniti ha mentito al popolo americano e al mondo. È stato influenzato dai suoi consiglieri neo-conservatori - tutti bugiardi - e hanno di fatto spianato la strada alla morte di un numero sempre maggiore di americani e di persone in tutto il mondo. Il risultato finale potrebbe essere una conflagrazione globale.

Non c'è assolutamente nulla di "americano" o "patriottico" nelle motivazioni ideologiche, religiose o geopolitiche dei sommi sacerdoti della guerra neoconservatori, anche se ora affermano di essere i veri patrioti, i veri leader, i veri combattenti per le tradizioni americane. Niente potrebbe essere più lontano dalla verità.

L'America - e il mondo - saranno meglio serviti da una franca e incrollabile determinazione a esorcizzare questi predatori una volta per tutte.

È arrivato il momento. **Bisogna** fare **qualcosa.**

UN'ULTIMA PAROLA...

Chi guiderà l'America... quando l'America guiderà il Nuovo Ordine Mondiale

Un esame dell'"agenda segreta dietro l'agenda" dei sommi sacerdoti della guerra.

Le Nazioni Unite - come le conoscevamo un tempo - possono essere considerate un fantasma del passato. Le Nazioni Unite sono state accantonate, messe in disparte, consegnate alla pattumiera - almeno temporaneamente - dai sognatori del mondo unico che un tempo vedevano in questo organismo mondiale il mezzo per stabilire un egemone globale. Gli imperialisti di oggi vedono ora lo Zio Sam come il loro gendarme globale ufficialmente nominato o, nei loro termini più accademici, "il centro di un nuovo sistema internazionale".[137] L'obiettivo è "un mondo che assomigli all'America e che quindi sia sicuro per tutti".

Tuttavia, nonostante la retorica - che potrebbe piacere a molti patrioti americani di base (o a coloro che si considerano tali) - la situazione non è così semplice. L'agenda è più complessa di quanto sembri.

---

[137] Se non diversamente indicato, le seguenti citazioni sono tratte dal *Journal of International Security Affairs dell'*estate 2003, pubblicato dal Jewish Institute for National Security Affairs di Washington, D.C. Si veda il sito web JINSA.org.

Quello che potrebbe essere definito il Grande Piano per un Nuovo Ordine Mondiale - sulla scia del nuovo ruolo "imperiale" dell'America - è stato esposto in tutta la sua franchezza in un importante documento politico in due parti pubblicato nei numeri dell'estate 2003 e dell'inverno 2004 del *Journal of International Security Affairs*, l'organo interno dell'influente Istituto Ebraico per la Politica di Sicurezza Nazionale (JINSA), che è stato citato ripetutamente nelle pagine di *The High Priests of War*.

Un tempo un think tank poco conosciuto a Washington, il JINSA è ora spesso riconosciuto pubblicamente come la forza guida più specifica dell'attuale politica estera dell'amministrazione Bush. Di conseguenza, quando un articolo viene pubblicato dal JINSA, ha un peso notevole.

L'autore, Alexander H. Joffe, un accademico filo-israeliano, ha già scritto in passato sulle pagine di questa pubblicazione del JINSA e il fatto che gli sia stato dato così tanto spazio per esaltare le sue teorie riflette certamente l'alta considerazione in cui sono tenute le sue opinioni.

La serie di Joffe, divisa in due parti, era intitolata "L'impero che non osava pronunciare il suo nome". Nel suo saggio, Joffee ammette francamente che "l'America è un impero" e sostiene che, sì, questa è una cosa molto buona.

Joffe sostiene che quando l'ONU ha osato affrontare il sionismo, ha segnato la fine dell'ONU nella mente degli internazionalisti. Joffe scrive:

La fine dell'Assemblea Generale come organo credibile può essere plausibilmente attribuita alla famigerata risoluzione "Il sionismo è razzismo" del 1975. Lo scrittore di JINSA sostiene che il mondo dovrebbe essere "grato" che l'ONU sia stata "screditata, ridotta a una farsa e infine paralizzata", riferendosi ovviamente alle posizioni dell'ONU che i sionisti e i loro alleati nel movimento dell'impero globale trovano offensive.

Dopo la scomparsa dell'ONU come veicolo di governo mondiale, scrive Joffe, "abbiamo ora l'opportunità e l'obbligo di ricominciare". Egli avverte, tuttavia, che l'emergente Unione Europea (UE) rappresenta una minaccia per il sogno di un impero globale.

L'autore di JINSA sostiene che l'UE è una "visione alternativa per la comunità internazionale" che, a suo dire, è francamente "l'autentico contrappeso all'impero americano". Secondo l'autore sionista, il problema principale dell'Europa e dell'UE è che "la cultura rimane al centro dei problemi dell'Europa". Il nazionalismo è una dottrina nata in Europa, proprio come i suoi feroci mutanti: il fascismo e il comunismo".

(Nota: strenuo difensore del super-nazionalismo israeliano, l'autore, Joffe, non sembra vedere la mancanza di logica nel suo attacco al nazionalismo di *altri* popoli - ma d'altra parte, l'onestà non è mai stata parte integrante del punto di vista sionista della linea dura).

Joffe lamenta che, sebbene "il nuovo impero europeo sia in teoria multiculturale... in realtà è dominato politicamente e culturalmente dalla Francia ed economicamente dalla Germania". Oggi, nell'UE, dice, "spinti da un senso di colpa post-coloniale e dalla noia del dopoguerra, la porta è stata aperta a tutte le idee. Ai livelli più sinistri, ha permesso e persino legittimato una vasta esplosione di pensieri e azioni disordinate, in particolare l'antiamericanismo, l'antisemitismo e un'ampia varietà di teorie cospirative".

(Le cosiddette "teorie del complotto" che preoccupano tanto questo teorico sionista sono quelle che osano mettere in dubbio le opinioni "ufficiali" su ciò che è realmente accaduto l'11 settembre 2001. Si infiamma perché milioni di persone in Europa e nel mondo musulmano - per non parlare degli Stati Uniti - hanno sollevato dubbi sulla conoscenza e/o sul coinvolgimento di Israele in questi eventi).

In ogni caso, quello che Joffe descrive come "l'altro tipo di internazionalismo liberale" è ciò che il movimento sionista favorisce, e Joffe lo definisce

> L'impero americano non ha concorrenti reali o teorici. L'obiettivo dell'impero americano nel XXI secolo non è il controllo territoriale o lo sfruttamento delle risorse, ma una leadership politica ed economica che difenda e faccia avanzare gli interessi americani e promuova lo sviluppo e il benessere di tutte le nazioni. Considerando la nostra storia e i nostri valori, il futuro sta nello sfruttare l'impero americano in modo che diventi la base di un nuovo sistema internazionale democratico.

> In definitiva, l'unica risposta per un pianeta stabile e prospero sarà un sistema globale strutturalmente e moralmente simile all'Unione americana - Stati semi-autonomi con sistemi laici e liberaldemocratici; dove gli Stati hanno sia diritti prescritti che responsabilità concordate all'interno di un più ampio quadro laico e liberaldemocratico; un sistema dotato di pesi e contrappesi e istituzioni significative; con una governance basata sullo stato di diritto e su valori tolleranti e pluralistici.

Nella seconda parte del suo saggio, pubblicato nel numero invernale 2004 della rivista JINSA, Joffe ha proseguito questa linea di pensiero, ampliando il suo appello per quello che ha descritto come "un impero che assomigli all'America".[138]

Sorprendentemente, Joffe parla con franchezza del coinvolgimento degli Stati Uniti in massicce conquiste imperiali in parti dell'Africa dilaniate dai conflitti, presumibilmente dopo

---

[138] Se non diversamente indicato, le seguenti citazioni sono tratte dal *Journal of International Security Affairs dell'*inverno 2004, pubblicato dal Jewish Institute for National Security Affairs di Washington, D.C. Si veda il sito web JINSA.org.

che gli Stati Uniti hanno già portato scompiglio nei paesi arabi del Medio Oriente:

> Le condizioni alle quali l'America e i suoi alleati prenderebbero semplicemente il controllo dei Paesi africani e li ristabilirebbero sono tutt'altro che chiare. Quali sono le soglie di intervento? Quali sono le procedure e i risultati? Chi combatterà e chi pagherà? Il ripristino dell'Africa comporterebbe impegni a lungo termine e costi immensi, che potrebbero essere pagati solo dall'Africa stessa. In altre parole, richiederebbe probabilmente il controllo economico americano, oltre che quello politico e culturale. Il colonialismo si paga sempre da solo, e non è un bello spettacolo. La questione è se l'Africa può pagare il prezzo (o permettersi di non farlo) e se l'America ha il coraggio di farlo.

Naturalmente, l'Africa non è l'unico bersaglio di Joffe e della sua banda (che è esattamente ciò che sono, per quanto questo termine possa essere percepito come "estremo"). Infatti, Joffe parla di un vasto programma globale che va ben oltre il continente africano.

Tuttavia, Joffe finisce per svelare le vere intenzioni di coloro che utilizzano il potere militare statunitense come meccanismo per raggiungere un obiettivo più ampio. Nuovi accordi", dice, "devono emergere sotto l'egida degli Stati Uniti per offrire un'alternativa a quegli Stati che sono pronti ad accettare diritti e responsabilità". Joffe sogna una rifusione delle Nazioni Unite sotto la potenza imperiale degli Stati Uniti. Infine, prevede la possibilità di un governo mondiale, scrivendo:

> È possibile che dopo un periodo di caos e di rabbia, che in ogni caso non farebbe altro che intensificare gli Stati esistenti, l'istituzione [le Nazioni Unite] sia spinta a cambiare. (Si noti l'uso della parola "randellate" - CMP).

> Piuttosto che un club che ammette tutti, le Nazioni Unite del XXI secolo potrebbero - un giorno, in un modo o nell'altro - trasformarsi in un gruppo esclusivo, su invito e

per soli membri, di Stati liberi e democratici che condividono valori simili. O, in ultima analisi, essere sostituito da uno solo. Quel giorno, tuttavia, potrebbe essere lontano decenni.

Se c'è qualche dubbio che stia parlando di un governo mondiale, basta leggere la conclusione di Joffe:

> Il modo migliore per preservare l'impero americano è quello di rinunciarvi definitivamente. La governance globale può essere stabilita solo con la leadership americana e con istituzioni a guida americana, del tipo descritto schematicamente in questo documento.

E così è. Per tutta la retorica sulla "democrazia", in realtà, secondo questo ideologo pro-Israele, si tratta di usare la forza militare dell'America per portare avanti un'agenda (segreta) completamente diversa. Anche molti di coloro che sventolano la bandiera americana (e che potrebbero essere autentici patrioti) e che si rallegrano del concetto di impero americano potrebbero trovare i concetti di Joffe un po' diversi da quelli che potrebbero altrimenti percepire.

Ma è qui, sulle pagine di un giornale filo-sionista, che apprendiamo con precisione qual è la "storia dietro la storia". Non ha nulla a che fare, infatti, con un'"America forte", e nemmeno con l'America stessa.

Gli Stati Uniti d'America sono solo una pedina - seppur potente - del gioco, mossa spietatamente da un'élite che agisce dietro le quinte nell'ambito di un piano di dominio globale.

E, alla fine, ci dice molto sull'identità dei Sommi Sacerdoti della Guerra e sui loro obiettivi. Non c'è alcun mistero.

Ciò che resta da stabilire è cosa il popolo americano - e tutti gli altri veri patrioti nelle nazioni di tutto il mondo - intendano fare al riguardo.

La domanda è: il mondo deciderà finalmente che è ora di dichiarare guerra ai sommi sacerdoti della guerra

-MICHAEL COLLINS PIPER

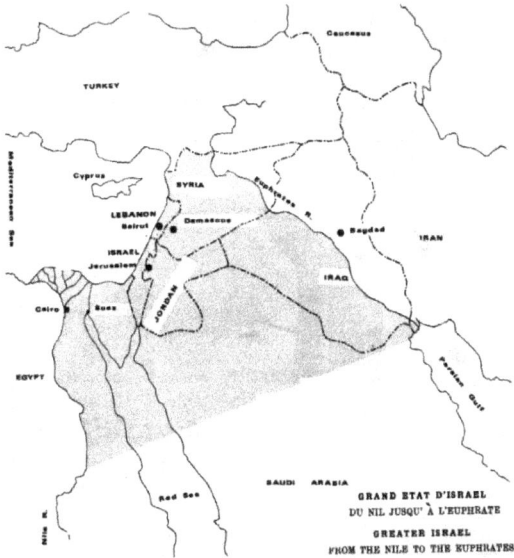

GRAND ETAT D'ISRAEL
DU NIL JUSQU' À L'EUPHRATE
GREATER ISRAEL
FROM THE NILE TO THE EUPHRATES

SEZIONE FOTO

Questa mappa illustra ciò che i neoconservatori americani della linea dura e i loro alleati in Israele percepiscono come i confini definitivi del cosiddetto Grande Israele. Sebbene i neoconservatori neghino che questo sia il loro obiettivo, la verità è che molti leader sionisti nel corso degli anni hanno delineato con franchezza il sogno del "Grande Israele". Va notato che i confini del Grande Israele includono gran parte del territorio che i non ebrei di tutto il mondo riconoscono come appartenente ad altri Paesi. In realtà, la maggior parte delle persone (anche molti intellettuali ben informati) non ha idea che questo concetto di "Grande Israele" è parte integrante del punto di vista neoconservatore e che la guerra degli Stati Uniti contro l'Iraq è stata un primo passo per raggiungere l'obiettivo del "Grande Israele". Le politiche della cricca neo-conservatrice che controlla l'amministrazione del presidente statunitense George W. Bush (in basso a sinistra) sono ideologicamente e geopoliticamente allineate con gli espansionisti israeliani del Likud, alleati del "macellaio" israeliano Ariel Sharon (in alto a destra).

Le risorse del barone dei media Rupert Murdoch (a sinistra) sono uno dei principali punti di forza della rete di propaganda neo-conservatrice filo-israeliana. Le sue pubblicazioni, come *il New York Post* e il *Weekly Standard*, sono i principali portavoce degli interessi di Israele. I critici di Murdoch sostengono che egli sia essenzialmente un "prestanome" altamente pagato per i miliardari patrocinatori di Israele, come Edgar Bronfman senior (al centro), da tempo a capo del Congresso ebraico mondiale, e Lord Jacob Rothschild (a destra), del leggendario impero bancario europeo. La propaganda di Murdoch è completata da altri editori pro-Israele come Mortimer Zuckerman (in basso a sinistra), che è stato presidente della Conference of Presidents of Major American Jewish Organizations e possiede *U.S. News & World Report, The Atlantic* e *The New York Daily* News, Martin Peretz (in basso al centro), editore dell'influente *New Republic*, e il leader del culto coreano Sun Myung Moon (in basso a destra), una creazione dell'agenzia di intelligence coreana controllata dalla CIA. Il *Washington Times, il* giornale di Moon, che è praticamente l'organo della casa repubblicana, è il quotidiano neo-conservatore più letto nella capitale del Paese.

William Kristol (a sinistra) e suo padre, Irving Kristol (a destra), sono i principali pubblicisti della rete di lobby neoconservatrice di Israele. Il più giovane Kristol - una "testa parlante" onnipresente nei media, che gli garantiscono una pubblicità infinita - è editore e direttore del *Weekly Standard* di Rupert Murdoch e dirige due importanti organizzazioni, Empower America e il Project for the New American Century. L'anziano Kristol - che ha iniziato come fervente seguace americano del gangster sovietico Leon Trotsky (in basso a sinistra) ed è poi diventato associato a due organizzazioni "culturali" finanziate dalla CIA - è la forza trainante di due influenti riviste, *The National Interest* e *The Public Interest*, ed è stato il vero "padrino" del movimento neo-conservatore, promuovendo persino una "guerra al terrore" molto prima degli attacchi terroristici dell'11 settembre 2001. I Kristol sono strettamente legati alla Lynde and Harry Bradley Foundation, che finanzia molti gruppi di facciata neoconservatori. Un collaboratore di lunga data dei Kristols, da oltre 50 anni, è il collega "ex trotzkista" Norman Podhoretz (in basso a destra), che ha acquisito una notevole influenza come editore di *Commentary*, l'influente rivista "neoconservatrice" dell'American Jewish Committee. Il figlio di Podhoretz, John, ha inizialmente raggiunto William Kristol *al Weekly Standard*, ma ora lavora al *New York Post* di Murdoch, dove scrive articoli pro-Israele.

All'inizio degli anni '70, Richard Perle (a sinistra) e Frank Gaffney (al centro) sono stati agenti chiave della lobby israeliana a Capitol Hill, lavorando nell'ufficio del senatore Henry M. "Scoop" Jackson, un democratico di Washington fanaticamente pro-Israele (a destra) le cui ambizioni presidenziali erano ampiamente finanziate da sostenitori di Israele. Mentre era nella squadra di Jackson, Perle fu indagato dall'FBI per spionaggio a favore di Israele, ma l'indagine fu archiviata. Oggi, Perle e Gaffney sono figure chiave nella rete di propaganda neo-conservatrice pro-israeliana. Altri stretti collaboratori di Perle sono Michael Ledeen (in basso a sinistra), ex membro del Consiglio di Sicurezza Nazionale dell'amministrazione Reagan, che ha invocato la "distruzione creativa" del mondo arabo, Elliott Abrams (in basso al centro), Elliott Abrams (in basso al centro), genero di Norman Podhoretz (un "ex trotzkista" associato al padrino neoconservatore Irving Kristol) e John Lehman (in basso a destra), ex Segretario della Marina, che una volta si unì a Perle in un'impresa per promuovere gli interessi di un produttore di armi israeliano. Abrams è ora lo specialista del Medio Oriente nel Consiglio di Sicurezza Nazionale dell'amministrazione di George W. Bush. Lehman è membro della commissione istituita per "indagare" sugli attacchi terroristici dell'11 settembre.

Negli ultimi giorni dell'amministrazione di Gerald Ford (1974-1976), Richard Perle fu una figura chiave nella Washington ufficiale, organizzando e promuovendo la "squadra B" di integralisti pro-Israele che lavoravano per promuovere la causa di Israele all'interno della comunità militare e di intelligence degli Stati Uniti. John Paisley (a sinistra), un funzionario di lunga data della CIA che si opponeva vigorosamente alla propaganda pro-Israele del Team B e lavorava dietro le quinte per contrastarla, è stato assassinato, quasi certamente dal Mossad israeliano. Tra i "falchi" reclutati da Perle nella "squadra B" c'era Paul Wolfowitz (al centro), che oggi, come vicesegretario alla Difesa, è il funzionario di politica estera più influente dell'amministrazione Bush "Dubya". Wolfowitz e il suo vice, Douglas Feith (a destra), altro esperto difensore di Israele, sono i veri responsabili del Segretario alla Difesa Donald Rumsfeld (in basso a sinistra). Il pupillo di Wolfowitz I. Lewis "Scooter" Libby (in basso al centro) dirige l'ufficio del vicepresidente Dick Cheney (in basso a destra). Prima di diventare vicepresidente, Cheney ha dimostrato il suo attaccamento a Israele sedendo nel consiglio di amministrazione del Jewish Institute for National Security Affairs, legato a Perle.

L'uomo d'affari Michael Saba (a sinistra) e il giornalista veterano a cui è dedicato questo libro, Andrew St. George (a destra), condividono un brindisi (sopra). I due uomini hanno lavorato a stretto contatto per anni cercando di smascherare lo scandalo dello spionaggio israeliano che coinvolgeva Stephen J. Bryen, collaboratore di lunga data di Richard Perle (all'estrema destra). Saba ha scritto un libro sull'affare Bryen, *The Road to Armageddon*, mentre il suo amico St. George ha scritto ampiamente sullo scandalo nelle pagine di *The Spotlight*, una delle poche pubblicazioni che hanno osato indagare sulla questione. Saba, attivista arabo-americano per i diritti civili, si trovava per caso in un caffè di Washington proprio mentre Bryen (all'epoca alto funzionario del Congresso) passava i segreti della difesa statunitense agli agenti israeliani. Saba ascoltò la trama e, riconoscendo Bryen, riferì l'accaduto all'FBI. Sebbene un procuratore federale ebreo-americano volesse incriminare Bryen con l'accusa di spionaggio, le pressioni degli alleati di alto rango di Bryen fecero cadere l'accusa. In seguito, Bryen fu ricompensato con una posizione di alto livello nel Dipartimento della Difesa dell'amministrazione Reagan, come vice di Richard Perle, e andò a fondare l'influente Istituto ebraico per gli affari di sicurezza nazionale, che oggi è considerato la forza guida della politica estera dell'amministrazione Bush.

Nessuna descrizione della follia e del fanatismo che dilagano nei circoli neoconservatori sarebbe completa senza un riferimento a uno dei più strenui difensori di Israele a Washington, il procuratore generale John Ashcroft (a destra), visto di fronte alla statua classica "Lo Spirito della Giustizia" presso il Dipartimento di Giustizia. Questa foto è stata scattata prima che Ashcroft spendesse 8.000 dollari del denaro dei contribuenti di per coprire il petto di questa favolosa

opera d'arte classica perché offendeva la sua sensibilità. Si dice che Ashcroft abbia paura dei gatti di calico (a lato) perché, per motivi religiosi, li considera "strumenti del diavolo". Le prove di un'attività specifica da parte di noti agenti dei servizi segreti israeliani sul suolo statunitense - prima e il giorno degli attacchi dell'11 settembre - sono state liquidate da Ashcroft come una "leggenda metropolitana". Non lo è.

Uno dei personaggi chiave della rete di Richard Perle è il veterano del B-Team Paul Nitze (a sinistra), che all'inizio degli anni Sessanta ha partecipato all'Operazione Northwoods, recentemente rivelata, guidata da un altro stallone filo-israeliano, il generale Lyman Lemnitzer (al centro), che prevedeva l'organizzazione di attentati terroristici sul suolo statunitense attribuendone falsamente la responsabilità al dittatore cubano Fidel Castro. Daniel Pipes (a destra), figlio di Richard Pipes e recluta della squadra B di Perle, è un suo giovane protetto. Virulentemente anti-arabo e anti-musulmano, Pipes ha sempre goduto di ampia e amichevole pubblicità nei media. George W. Bush ha premiato Pipes per il suo incitamento all'odio nominandolo all'Istituto per la pace degli Stati Uniti che, data la presenza di Pipes, ha chiaramente un nome sbagliato.

Christopher Bollyn (sopra) è stato uno dei primi giornalisti a rivelare che i principali neoconservatori avevano di fatto proclamato che una "nuova Pearl Harbor" poteva essere usata come pretesto per gli Stati Uniti per lanciare una campagna di imperium globale. È quello che è successo quando "Dubya" Bush ha lanciato la guerra contro l'Iraq, dopo aver ingannato molti americani, con vere e proprie bugie, facendogli credere che l'Iraq avesse avuto un ruolo negli attacchi terroristici dell'11 settembre. In realtà, già nel 1975, il famigerato intrallazzatore Henry Kissinger (a sinistra) suggeriva che una guerra in Medio Oriente avrebbe potuto fornire le basi per un mondo riallineato come quello sognato dai neoconservatori.

Tre figure che promuovono l'agenda di Israele all'interno della cosiddetta "destra cristiana" devono tutte la loro carriera al patrocinio dei re dei neo-conservatori William e Irving Kristol. William Bennett (a sinistra) - nominato Segretario all'Istruzione da Ronald Reagan con il sostegno di Irving Kristol - ha dato al giovane Kristol il suo primo incarico governativo di alto livello. Da allora Bennett è diventato un autore e conferenziere molto pagato ed è co-presidente dell'operazione Empower America di Kristol. L'ex ambasciatore Alan Keyes (al centro), compagno di stanza al college del giovane Kristol, ha fatto molti soldi candidandosi a varie cariche e pagandosi lauti stipendi con i fondi della sua campagna elettorale. Gary Bauer (a destra), che condivide con Kristol un appartamento per le vacanze, afferma che il sostegno a Israele è al centro dei "valori familiari" cristiani. I critici sostengono che le candidature "senza speranza" di Keyes e Bauer alle primarie presidenziali del GOP del 2000 siano state istigate da William Kristol, che sperava che i loro sforzi avrebbero attirato voti lontano da Pat Buchanan - un critico di Israele - che era popolare tra gli elettori cristiani per la sua opposizione all'aborto. I televangelisti (in basso da sinistra a destra) Jerry Falwell, Pat Robertson e Tim LaHaye sono chiaramente più influenti tra la destra cristiana. Il trio ha raccolto immensi profitti grazie a contratti radiotelevisivi ed editoriali resi possibili solo perché sono stati "approvati" da potenti famiglie e interessi filo-israeliani che esercitano un'immensa e innegabile influenza sui media.

Quando coloro che controllano l'agenda dei media vogliono un volto "colto" per promuovere gli attacchi al mondo arabo e musulmano, si rivolgono a Bernard Lewis (a sinistra), un ebreo britannico considerato un'autorità nel mondo islamico, ma il cui background etnico non viene mai menzionato. Lewis - che veste il suo bigottismo con una prosa elegante - è il padre di una figura di spicco dell'AIPAC, la lobby di Israele. Quando i media desiderano storie sensazionali su cospirazioni arabe, esaltano le teorie del cosiddetto "esperto di terrorismo" Steven Emerson (al centro), che non è un "esperto" ma semplicemente un piccolo scrittore ben pagato e finanziato da molteplici fonti pro-Israele. Charles Krauthammer (a destra), uno psichiatra diventato giornalista che invoca una guerra totale degli Stati Uniti contro il mondo musulmano, è un odiatore neoconservatore particolarmente stridente. Supera persino l'esponente neoconservatore George Will nel suo interesse ossessivo a blaterare all'infinito su quanto sia meraviglioso Israele e quanto sia orribile chiunque lo critichi.

Due amici intimi ed ex membri del Congresso, Newt Gingrich (a sinistra) e Vin Weber (a destra), sono portavoce fidati dell'agenda neo-conservatrice. La moglie di Gingrich ha persino ricevuto uno stipendio da una società israeliana quando Newt era al Congresso. Quando Newt è stato coinvolto nello scandalo degli assegni della Camera e costretto a lasciare il suo incarico, il corteggiamento di Weber nei confronti

di Israele ha dato i suoi frutti: William Kristol reclutò Weber come co-presidente della sua unità Empower America. Weber e Gingrich sono stati reclutati anche dal Council on Foreign Relations, il "cugino americano" del

Royal Institute for International Affairs di Londra, finanziato dai Rothschild.

I senatori John McCain (R-Ariz.) - a sinistra - e Joe Lieberman (D-Conn.) - al centro - sono stati tra i più accaniti difensori della guerra contro l'Iraq al Congresso. Un altro fanatico pro-Israele, il senatore James Inhofe (R), repubblicano dell'Oklahoma, ha persino affermato in Senato che Dio aveva aperto una porta spirituale che ha permesso l'attacco dell'11 settembre agli Stati Uniti perché questi ultimi non erano stati sufficientemente favorevoli a Israele. Al contrario, il rappresentante Jim Moran, democratico liberale della Virginia (in basso a sinistra), è stato maltrattato dai media nazionali per aver suggerito che la comunità ebraica americana aveva abbastanza potere da impedire la guerra contro l'Iraq. I media hanno riferito - solo una volta e di sfuggita - che le osservazioni di Moran erano in risposta a una domanda amichevole di un elettore ebreo di Moran che concordava con l'opposizione di Moran alla guerra. Il senatore Robert Byrd della Virginia Occidentale (in basso al centro) e il rappresentante Dennis Kucinich dell'Ohio (in basso a destra) sono stati tra i membri del Congresso più eloquenti e schietti nella loro lotta contro i piani dei neo-conservatori di trascinare l'America in guerra. I proprietari filo-israeliani delle principali reti televisive e dei giornali hanno ripagato Kucinich imponendo un blackout virtuale sulla sua campagna presidenziale del 2004.

Although President George W. Bush (left) has often described Iraqi leader Saddam Hussein (centre) as "the guy who tried to kill my father", referring to a flimsy and apparently unsubstantiated conspiracy theory that Saddam hatched a "plot" against former President George H. W. Bush (a destra), ciò che il giovane Bush non menziona mai è che l'amico di suo padre e collega repubblicano, l'ex deputato dell'Illinois Paul Findley (in basso a sinistra), rivelò nel 1992 che l'ex ufficiale dei servizi segreti israeliani Victor Ostrovsky (in basso al centro) aveva scoperto un complotto del 1991 da parte di una fazione di destra del Mossad israeliano per uccidere l'anziano Bush, percepito come una minaccia per Israele. Ostrovsky fornì i dettagli all'ex membro del Congresso Pete McCloskey (in basso a destra), un altro amico di Bush, che poi trasmise un avvertimento sul complotto ai servizi segreti. Nel suo libro del 1994, *The Other Side of Deception (L'altra faccia dell'inganno)*, Ostrovsky riferisce che il Mossad aveva pianificato di assassinare Bush durante una conferenza a Madrid. Dopo aver catturato tre "estremisti" palestinesi, il Mossad informò la polizia spagnola che i terroristi stavano arrivando a Madrid. Il piano prevedeva di uccidere Bush, liberare i palestinesi sul posto e ucciderli lì. L'assassinio di Bush sarebbe stato attribuito ai palestinesi - un altro "false flag" del Mossad. I media tradizionali non hanno mai riportato questa storia scioccante.

Nel gennaio 2001, mentre i repubblicani di rango festeggiavano la nuova amministrazione Bush e facevano il tifo per l'ammiratissimo generale Colin Powell, l'eroe militare appena nominato, i lettori di giornali ebraici come *Forward* ne ricevevano un'immagine molto negativa. In un articolo in prima pagina del 19 gennaio 2001 (qui sopra), *Forward* riferiva che la lobby israeliana era sospettosa nei confronti di Powell e che i "falchi" - i neo-conservatori - stavano manovrando "per limitare il suo potere sulla politica estera e rafforzare quello del [Segretario alla Difesa] Donald Rumsfeld". Mentre i neo-conservatori iniziavano a battere il tamburo a favore di una guerra contro l'Iraq, i media come *Time* (a lato) di Edgar Bronfman, capo del World Jewish Congress, e poi *Newsweek* e la sua pubblicazione gemella, il *Washington Post*, seguirono l'esempio di *Forward* e iniziarono a mettere in dubbio le capacità di Powell. In sostanza, il crimine di Powell era quello di non aver sostenuto a sufficienza le richieste dei neo-conservatori - la maggior parte dei quali non aveva mai prestato servizio nell'esercito - che volevano che gli americani fossero inviati come carne da cannone per Israele in una guerra contro l'Iraq. Tra i più ferventi difensori dell'imperialismo "americano" ci sono (in basso da sinistra a destra) *Commentary*, pubblicato dalla sezione di New York dell'American Jewish Committee, il *Weekly Standard* di Rupert Murdoch (diretto da William Kristol) e *U.S. News & World Report,* di proprietà di Mort Zuckerman, presidente della Conference of Presidents of Major American Jewish Organizations.

Israel lobby behind Iraq war plan

Khaleej Times 3/12

By Syed Qamar Hasan

ABU DHABI — Prominent American journalist Michael Collins Piper has said that there is sufficient evidence to confirm the fact that the Israeli lobby was the major force driving Americans to war against Iraq.

Speaking at the Zayed Centre for Coordination and Follow-Up in Abu Dhabi, Mr Piper warned the international community that the Israelis would take advantage of the war and would possibly deport Palestinians, in pursuance of their policy to create 'Greater Israel'.

Author of the acclaimed book, *Final Judgement*, which linked the Israeli intelligence

MICHAEL COLLINS PIPER

assassination of John F. Kennedy, Mr Piper denounced what he described as the policy of double standards being followed by the US government in dealing with the Iraqi issue.

He called upon the international community to take serious note of the atrocities hu...

inflicted upon the Palestinians by Israel. He said that the Americans were now convinced that any cooperation Saddam Hussein offered to the United Nations in getting rid of weapons of mass destruction would not satisfy President George W. Bush.

Criticising the American bias in favour of Israel, Mr Piper said: "President Bush seems to be driven by Christian fundamentalism and strong influence of the Jewish lobby."

He cited the 1983 Capitol Hill incident when a 22-year old Israeli Jew strapped himself with explosives and threatened to blow up the place.

"This was buried some...

section," he said.

He also said that the Anti-Defamation League was hand in glove with Mossad and was functioning as an information gathering outfit for the Israeli spy agency.

"Several of the harsh reports in the US media about Saudi Arabia were taken verbatim from a 49-page, *White Paper* issued by the League.

He blamed Israel for the three major crises US polity faced during the latter half of the 20th century. He said the assassination of John F. Kennedy, the Watergate scandal and the Monica Lewinsky affair had all been consequences of the Israeli policies vis-a

U.S. scribe urges concern for Palestinians

Piper denounces U.S. double-standards in dealing with issue of mass destruction weapons

By A Staff Reporter

Abu Dhabi

A prominent American journalist has called upon the international community to show more concern to the deprivation, indignity and destruction inflicted upon the Palestinian people.

In a lecture at Zayed Centre for Coordination and Follow-up, Michael Collins Piper, described Israel as a "self-destructive" nation.

On the possibility of deporting the Palestinians outside their homeland, he said this "is likely to be the Israeli policy if American attacks Iraq. This is part of the Israeli strategy for building Greater Israel, he added.

Piper provided enough evidence to show that the Israeli lobby is playing the major role in the foreign American war with their menace

destruction weapons issue. He said the "American elite is convinced whatever be the cooperation of Saddam Hussain, it will not satisfy President Bush."

Regarding the notorious book on *Protocols of Zion's Elders*, he said the Jewish conspiracy is not a mere theory but a real fact.

Piper criticised the Americans bias towards Israel and suggested that the "President Bush seems to be driven by Christian fundamentalism."

He added that no mention was made on the efforts of Israel to develop a bomb which would eliminate the Arab race.

Piper demonstrated in detail the Zionist influence on the American media through a hand-ful 'elite of rich and super rich Jewish' families." Among the

Michel Collins Piper

1983, who was found to be an Israeli Jew, 22-year-old Israeli Rabinowitz. This story, he added, was buried in the local news section across from obituaries.

close ties with Israel's Mossad and functions as an information gathering outlet for it." Many of the articles on Saudi Arabia in the major media come practically verbatim from a 49-page white paper issued by the ADL.

Piper went on to say that the three most talked about and most serious political convulsions that rocked the American system of government during the last half of the 20th century can all be "traced to the continuing conflict over Palestine and the aggressive imperial role of Israel in Middle East's affairs, they are the assassination of John Kennedy, the Watergate Scandal, and the Monica Lewinsky affair."

Israel said Red China are involved in joint secret nuclear

WHERE HAVE YOU GONE, COLIN POWELL?

The Secretary of State isn't the foreign policy general everyone thought he'd be. What's holding him back?

Nel marzo 2003, alla vigilia dell'invasione statunitense dell'Iraq, Michael Collins Piper, autore di *The High Priests of War (I sommi sacerdoti della guerra)*, si trovava ad Abu Dhabi, la capitale degli **Emirati** Arabi Uniti (EAU), ospite dell'illustre Zayed Centre for Coordination and Follow-Up, il think-tank ufficiale della Lega degli Stati Arabi. La conferenza di Piper, incentrata sulla parzialità dei media statunitensi a favore di Israele, ha ricevuto una copertura molto favorevole da parte **della** stampa araba e inglese del Medio Oriente (vedi sopra). Tuttavia, Piper è rimasto scioccato nell'apprendere che, su ordine dell'Anti-Defamation League (ADL) di B'nai B'rith, l'ambasciatore dell'amministrazione Bush negli Emirati Arabi Uniti ha contattato lo Zayed Centre per lamentarsi della conferenza di Piper, cercando di soffocare i diritti del Primo Emendamento di un cittadino americano mentre si trovava in territorio straniero. L'ADL e il Middle East Media Research Institute (MEMRI), legato al Mossad, hanno continuato a sollevare un tale polverone sulle conferenze di Piper e di altri al Centro Zayed che l'amministrazione Bush ha esercitato una tale pressione sul governo di Abu Dhabi da far chiudere il Centro Zayed, dimostrando che il potere della lobby israeliana si estende anche, almeno indirettamente, alle alte sfere del mondo arabo.

Nel 1992, l'ex deputato Paul Findley ha sottolineato che "in tutto ciò che è stato scritto sull'assassinio di John F. Kennedy, l'agenzia di intelligence israeliana, il Mossad, non è mai stata menzionata, nonostante il fatto ovvio che la complicità del Mossad sia plausibile come qualsiasi altra teoria". Tuttavia, nel 1994, nel suo libro *Giudizio finale* (a destra), Michael Collins Piper - autore di *I sommi sacerdoti della guerra* - *ha documentato il* ruolo svolto dal Mossad, insieme alla CIA, nella cospirazione del JFK. Sebbene non sia mai stato in vendita in una grande libreria, circa 45.000 copie di *Final Judgment* sono ora in circolazione, più delle opere più diffuse sull'argomento. Nella sua sesta edizione di 768 pagine (modulo d'ordine a pagina 127), *Giudizio Finale* spiega come l'assassinio di JFK abbia permesso alla lobby israeliana di acquisire l'immenso potere politico di cui gode oggi. Il libro mostra che nel 1963 JFK (in basso a sinistra) fu coinvolto in una disputa segreta e aspra con il leader israeliano David Ben-Gurion sul desiderio di Israele di costruire la bomba atomica. Ben-Gurion si dimise disgustato, dichiarando che a causa di JFK "l'esistenza di Israele [era] in pericolo". Dopo l'assassinio di JFK, la politica statunitense nei confronti di Israele subì un'immediata svolta di 180 gradi. *Final Judgment* documenta quello che il giornalista israeliano Barry Chamish definisce "un caso abbastanza convincente" di coinvolgimento del Mossad nell'assassinio di JFK. Il fatto è che quando il procuratore distrettuale di New Orleans Jim Garrison perseguì Clay Shaw, un dirigente d'azienda, per aver cospirato nell'omicidio, Garrison si imbatté nel collegamento con il Mossad: Shaw sedeva nel consiglio di amministrazione di Permindex, una copertura per le operazioni di acquisto di armi del Mossad. Uno dei principali azionisti della Permindex, la Banque de Crédit Internationale, con sede in Svizzera, era la roccaforte di Tibor Rosenbaum, un alto funzionario del Mossad e il principale riciclatore di denaro per Meyer Lansky, "presidente" del sindacato criminale e fedelissimo di Israele. L'amministratore delegato di Permindex era Louis Bloomfield di Montreal, un agente della famiglia Bronfman, stretta collaboratrice di

Lansky e importante sostenitrice di Israele. *Final Judgment* sottolinea che l'ufficiale di collegamento del Mossad della CIA James Angleton era un fervente sostenitore di Israele che ha orchestrato un falso scenario che collegava il presunto assassino Lee Oswald al KGB sovietico. Anche le fonti "mainstream" sul crimine organizzato notano che le principali figure "mafiose" accusate di essere dietro l'assassinio erano subordinate a Lansky. Oliver Stone potrebbe aver omesso questi dettagli in *JFK* perché il suo film è stato finanziato da Arnon Milchan, un trafficante d'armi israeliano legato al contrabbando di materiale per il programma nucleare di Israele, un punto di contesa tra JFK e Israele. Sebbene il diplomatico israeliano Uri Palti abbia definito la tesi di Piper "un'assurdità" e l'editorialista filo-israeliano George Will l'abbia definita "una feroce licenza intellettuale", *il Los Angeles Times* ha ammesso con riluttanza che *Giudizio Finale* era "veramente nuovo", dichiarando che "tesse alcuni dei fili essenziali di un arazzo che molti descrivono come unico". Nella stessa settimana in cui l'American Library Association sponsorizzò la "Settimana dei libri proibiti" nel 1997, l'Anti-Defamation League (ADL), una delle principali forze trainanti della lobby israeliana, provocò un putiferio costringendo la cancellazione di un seminario universitario sull'assassinio di JFK perché Piper era stato invitato a parlare. L'ADL temeva che gli studenti "impressionabili" prendessero sul serio Piper, ma riteneva che questi stessi ragazzi fossero abbastanza grandi da combattere in guerre straniere per proteggere Israele.

UNA LETTERA DELL'AUTORE :

Caro lettore :

Il mio primo libro, GIUDIZIO FINALE, spiegava essenzialmente come e perché la lobby israeliana fosse riuscita a diventare così potente a Washington - una conseguenza diretta dell'assassinio di JFK.

Naturalmente c'è chi si rifiuta (per ragioni che capisco) di riconoscere che la mia accusa al Mossad israeliano di aver giocato un ruolo chiave nell'assassinio di JFK si basa su basi solide e ben documentate.

Ciò che è indiscutibile, tuttavia, è che la politica statunitense nei confronti di Israele e del mondo arabo ha subito un'innegabile e immediata svolta di 180 gradi dopo l'assassinio di JFK e che il potere della lobby israeliana è diventato più forte che mai.

Ne *I sommi sacerdoti della guerra* ho esaminato le forze "neo-conservatrici" che oggi costituiscono la spina dorsale della lobby di Israele. Hanno esercitato il loro potere in un modo che ha portato alla tragedia per l'America e per il mondo, e certamente porterà a ulteriori disastri nel prossimo futuro. Sono criminali spudorati della peggior specie e non esito a dirlo.

Scrivere di questi argomenti è "radicale" e "controverso", ma, come si dice, è un lavoro sporco e qualcuno deve pur farlo. Non mi scuso per aver detto la verità.

Per questo motivo ho apprezzato il sostegno e le critiche costruttive che ho ricevuto dai miei lettori nel corso degli anni. Sono sempre ansioso di ricevere le vostre e-mail e le vostre lettere e di sentire cosa avete da dire.

MICHAEL COLLINS PIPER

Altri titoli

www.ingramcontent.com/pod-product-compliance
Lightning Source LLC
Chambersburg PA
CBHW070912270326
41927CB00011B/2538